NOS
TOMAMOS
LA PALABRA

Antología crítica de textos de escritoras
latinoamericanas contemporáneas

Editora: Dra. Priscilla Gac-Artigas

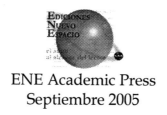

ENE Academic Press
Septiembre 2005

Ediciones Nuevo Espacio – Academia Press
New Jersey, 07704, USA
http://www.editorial-ene.com
AcademicPressENE@aol.com
First Edition, September, 2005
ISBN: 1-930879-41-5

Tabla de contenido

Herederas de la prosa:

cuentistas contemporáneas

ORÍGENES DE LA LITERATURA HISPANOAMERICANA ESCRITA POR MUJERES

La estructura de la sociedad patriarcal hispanoamericana relegó a la mujer a un segundo plano sin importar la infinidad de ejemplos que prueban la trascendencia de su aporte a la misma. El hombre se adjudicó el espacio público de la ciudad dejándole a la mujer el espacio íntimo del hogar y la familia. No solamente fue la mujer relegada a un segundo plano sino que fue confinada a ese lugar por siglos al negársele el acceso a la educación formal, y con ello, a la posibilidad de desarrollar y hacer valer sus ideas. Decía Schopenhauer a comienzos del siglo diecinueve que la mujer era un ser "de cabellos largos e ideas cortas," como si la historia no estuviera llena de ejemplos de cómo la mujer siempre se las ingenió para hacer uso de su ingenio (y valga la redundancia), de su inteligencia para liberarse de la situación a la cual había sido proscrita y ocupar el lugar que le corresponde dentro de la historia.

Hoy en día somos testigos de un cambio significativo; en el campo de la política encontramos mujeres presidentas o gobernadoras, o mujeres al frente de ministerios como el de defensa, tradicionalmente reservado al género masculino. Aunque en menor escala, la mujer ha irrumpido también exitosamente en el campo de los negocios y de las comunicaciones. Igualmente, se ha visto un incremento en el número de estudiantes del sexo femenino en todas las universidades, así como en la cantidad de profesoras, investigadoras y científicas que ocupan las cátedras.

El espacio de la casa y la cocina explotó y la mujer conquistó su entrada a la arena pública. Sin embargo continúa existiendo desigualdad que se manifiesta no ya tanto en el acceso como en el reconocimiento y en la pertenencia; no solamente se trata del derecho a la expresión, del derecho de admisión, del derecho a pertenecer; hoy en día se trata de lograr el reconocimiento por lo que se vale, y la igualdad en el tratamiento. Es aquí donde aún nos encontramos con grandes disparidades. Baste de ejemplo la diferencia existente en los salarios entre mujeres y hombres que realizan un mismo trabajo.

En el caso de la mujer dentro de la literatura hispanoamericana que es el que nos ocupa, vemos que a partir de los años ochenta, el mundo de las letras es ocupado de manera irreversible por las escritoras latinoamericanas; similar al fenómeno del *boom*, las escritoras logran imponer una presencia que, contrario a los presagios negativos del comienzo, no ha hecho sino afianzarse con el correr de los años. Como el ingenioso hidalgo de La Mancha, las escritoras que precedieron a este compacto grupo tuvieron que luchar contra molinos, gigantes y encantadores, y esto por siglos, pero como ya mencionáramos, gracias a su perspicacia lograron enderezar entuertos, echar a andar molinos y conquistar su lugar en el campo de la literatura.

La calidad de los textos de las escritoras contemporáneas, tanto en poesía como en narrativa las ha convertido en dignas continuadoras de la labor literaria que fueron urdiendo consistentemente a través de los siglos escritoras de la talla de Sor Juana Inés de la Cruz, quien ya en el siglo XVII increpaba a la sociedad colonial por la situación de subordinación en que mantenía a la mujer y quien reclamaba sus, y los derechos de toda mujer, a estudiar; de la talla de la poeta, novelista y dramaturga cubana Gertrudis Gómez de Avellaneda, la que dos siglos más tarde, declaraba con indignación que para que una mujer lograra el éxito y el reconocimiento en el mundo de la literatura debía primero ser diestra en el arte de llevar una máscara masculina.

El siglo XX literario ha estado marcado por indelebles incursiones de la mujer latinoamericana y el reconocimiento internacional a nuestras escritoras; bástenos recordar que el primer Premio Nóbel de literatura otorgado a escritor hispanoamericano alguno recayó en la poeta chilena Gabriela Mistral, en 1945; Mistral, cuya poesía fue evolucionando de lo personal en los temas del amor, el dolor, la maternidad hacia temas universales de amor a la humanidad, a los niños en particular, a los desamparados en general. Otras poetas destacadas de la primera mitad del siglo lo fueron Alfonsina Storni de Argentina, así como las menos difundidas, pero no por ello menos talentosas, la uruguaya Juana de Ibarbourou y las puertorriqueñas Julia de Burgos y Clara Lair todas las cuales abogaban con tenacidad por los derechos de la mujer al mismo tiempo que, como mujeres y escritoras, reivindicaban su derecho a romper con los cánones establecidos con respecto al rol de la mujer en la sociedad.

Podemos notar que las primeras representantes femeninas dentro de nuestra literatura dedicaron gran parte de su labor literaria a la poesía, fenómeno sobre el cual podríamos reflexionar indefinidamente. Encontramos para ello, en primer lugar, razones de orden social: en nuestra cultura occidental de sociedades patriarcales la poesía, la música, las artes, al igual que la familia, los niños y la cocina, formaban parte integral de la esfera femenina y por lo tanto, la mujer no tenía que luchar para apropiarse de la poesía y utilizarla como arma para reivindicar sus derechos. Las canciones de cuna, inventadas en ese ámbito en el que la mujer era "reina", pueden ser consideradas como una primera manifestación de la apropiación, por parte de la mujer, de esa poderosa arma que es la palabra.

Existen también razones de orden práctico: la mujer no disponía del tiempo, ni la tranquilidad, para dedicarse a la escritura. Dice Marcela Serrano en *El albergue de las mujeres tristes* que la diferencia entre una mujer y un hombre frente a la producción creativa es la siguiente: "siempre existe una mujer que cierra la puerta con llave para que el genio masculino se exprese... A una mujer... nadie le hace el favor de cerrarle una puerta. Si es madre, tampoco se la cerrará ella misma. Al primer grito del hijo, aunque éste tenga ya veinte años y viva en otro continente, abrirá la puerta, abandonará cualquier sublimidad de lo que esté creando y partirá hacia él" (215-216). Como para corroborar esta idea, expresaba Rosario Ferré en la presentación de su novela *Extraños vecindarios*, que ella escribía poesía cuando disponía de poco tiempo pues la escritura de una novela precisaba de mayor tranquilidad y de un tiempo más prolongado.

Ligadas a las razones de orden social y práctico, encontramos razones de orden temático y de estructura. La poesía se lee con los sentidos alertas, se olfatea en los aromas que expele, se saborea en sus palabras, se escucha en su ritmo y su cadencia, se toca en lo corpóreo de su lenguaje, se lee de imágenes, con los ojos abiertos, o con los ojos cerrados. En la poesía las palabras no sobran, su estructura se presta para dejar fluir imágenes y sentimientos; la poesía, a diferencia de un cuento o una novela, no necesita contar una historia con detalles, y no hay lugar a dudas que el carácter particular de ésta como género literario sucinto y vigoroso, personal y cercano a los sentidos se prestaba a los objetivos de estas escritoras cuyo interés literario, en sus comienzos, iba indisolublemente ligado al deseo de expresar sus sentimientos de mujer y su necesidad de afirmarse en un universo en el que el hombre era centro y en el cual éste ostentaba el poder. Desde su universo privado, la escritora tenía que luchar por conquistar su lugar en esa esfera pública transformando para ello los espacios, transgrediéndolos en su lucha por el reconocimiento de sus capacidades intelectuales.

En la medida que la mujer va ganando su "cuarto propio" como imaginado por Virginia Woolf, su incursión en otros géneros literarios se va haciendo más constante y aquello que fuera considerado dominio predominantemente masculino, hoy día no tiene sexo, es un campo abierto a la capacidad creadora del individuo.

A partir de la década de los setenta, la presencia de la mujer hispanoamericana dentro del universo literario deja de ser un fenómeno esporádico y se convierte en un movimiento impetuoso que se proyecta con firmeza hacia el futuro. La mujer gana su puesto dentro de este complejo mundo, no por el hecho de ser mujer, sino por la calidad de su pro-

11

ducción creativa la cual, por un lado, socava los cánones de las casas editoriales para irrumpir en el mercado, al mismo tiempo que transforma los cánones de lectura para conquistar a un público ávido de consumir lo que ellas producen; de marginales, muchas de estas escritoras pasan a ser parte del canon.

Demás está insistir en que la escritura no se hace únicamente a partir de un cuerpo biológico, sino a partir de lo que ese cuerpo encierra: experiencias personales, sensibilidad, sueños, bagaje cultural, social, político. Las escritoras latinoamericanas ya no sólo reivindican los espacios físicos a los que fueran confinadas como el hogar o la cocina, los utilizan y los subvierten; reivindican también su vientre, que en la literatura escrita por hombres había sido loado sólo como vientre de amor puro y gestación de vida, y le cantan a su rol de fuente de erotismo y de goce sexual. La mujer se adueña de su cuerpo, y de ser objeto de la literatura pasa a ser sujeto de la narración; las escritoras ya no necesariamente escriben para "contarse", "entenderse", "inventarse" o "crearse"; en este nuevo siglo comienzan a escribir para inventar y para crear. Es ésta una escritura que se libera y que nace de la pasión y del goce en la creación.

Con los textos incluidos en esta antología crítica tanto para la sección de poesía como para la sección de prosa es nuestra intención mostrar cómo se ha ido produciendo esta transformación en nuestras escritoras, desde los poemas de búsqueda de identidad, de orgullosa reivindicación del hecho de ser mujer, de declaración de principios a favor de un rol activo e igualitario de la mujer dentro de la sociedad, a la literatura de carácter sociopolítico o la de innovadores juegos estéticos que se pierden en los vericuetos de la fantasía y nos llevan por el mundo de la más elaborada ficción o de la más fantástica ciencia ficción.

Nuestras escritoras no conocen temas prohibidos ni autocensura y escriben en todos los estilos existentes y los que ellas han inventado. Han llegado a una etapa en que no tienen que probarse ni probarle a nadie cuán capaces son de hacer magia con las palabras, de crear mundos insospechados con sus voces. No se trata más de "si me permiten hablar" con lo que de por sí Domitila Barrios de Chungara dio un gran paso al frente al prestarles su voz a las mujeres bolivianas y a las desposeídas del mundo. Igualmente ha sido superada la etapa de apropiación de la palabra per se y su utilización como instrumento con otros fines que los de la creación. Hemos llegado a la fase en que podemos, y debemos dejar nuestras manos, nuestras mentes, nuestros sexos libres y que empiecen a disfrutar del goce divino, a "sentir lo exultante que puede ser la creación literaria cuando el lenguaje empieza a expresarse a través de una, o mejor dicho a pesar de una misma" (Luisa Valenzuela, *Escribir*).

La literatura de hoy escrita por mujeres no conoce límites ni barreras. Cualquiera que sea el bloque de mármol del que disponen, éste sucumbe a la maestría de su arte y va tomando forma bajo sus atizados cinceles. En este nuevo siglo las escritoras hispanoamericanas pueden declarar con firmeza *nos tomamos la palabra... y la echamos a volar...* porque sus cuerpos y su imaginación han ido más allá de cualquier frontera real venciendo ancestrales obstáculos, atávicos sentimientos de culpabilidad, que por siglos parecieron insuperables.*

*Partes de esta introducción fueron tomadas del prefacio al libro *Reflexiones: ensayos sobre escritoras hispanoamericanas contemporáneas.* New Jersey: Ediciones Nuevo Espacio, Colección Academia, 2002; edición actualizada, Madrid: Sánchez y Sierra Editores, 2004.

Sobrevuelo histórico

de la

poesía

Sor Juana,
por siempre Sor Juana

¿Qué escritora hispanoamericana no se ha reclamado heredera de las ideas y de la obra literaria de Sor Juana? Esta monja mexicana (1651-1695), considerada la primera escritora latinoamericana de distinción fue a su vez la primera en darse cuenta del importante rol de la educación en la liberación de la mujer. Sor Juana logra encontrar el camino para su propia educación y se sirve de su pluma para criticar el status quo y más importante aún, para proponer estructuras de cambio.

En su ardiente defensa de los derechos de la mujer Sor Juana reivindica uno de los lugares de sometimiento al que la sociedad condenaba a las mujeres proponiendo que el papel de la cocina no es, ni tiene que ser, el que históricamente le fuera adjudicado: "si Aristóteles hubiera guisado, mucho más hubiera escrito". Para Sor Juana la cocina es lugar de estudio, de experimentación, de creación, idea que es retomada y desarrollada por escritoras contemporáneas como Rosario Castellanos, Isabel Allende, Rosario Ferré y Laura Esquivel, entre otras.

Soneto

En perseguirme, Mundo, ¿qué interesas?
¿En qué te ofendo[1], cuando sólo intento
poner bellezas en mi entendimiento[2]
y no mi entendimiento en las bellezas?

Yo no estimo tesoros ni riquezas;
y así siempre me causa más contento
poner riquezas en mi pensamiento
que no mi pensamiento en las riquezas.

Y no estimo hermosura que, vencida,
En despojo civil de las edades[3],
Ni riqueza me agrada fementida[4],

Teniendo por mejor, en mis verdades,
consumir vanidades de la vida
Que consumir la vida en vanidades.

1. ofender: to offend
2. mente: mind
3. civil spoils (not war spoils) caused by time
4. treacherous

Preguntas de análisis y de discusión

Estructura

1. ¿Qué tipo de poema es en cuanto a su forma? ¿Cuántas estrofas tiene y cómo se llaman esas estrofas?
2. ¿A quién interpela el yo poético? ¿Qué nombre se le da a un poema escrito de esta forma en que el yo poético interpela en voz alta a su audiencia sin esperar una respuesta?
3. Muestre un ejemplo de encabalgamiento en el poema.

Interpretación

1. ¿Por qué el sustantivo "Mundo" está capitalizado?
2. ¿Qué importancia, si alguna, tiene el juego de palabras que encontramos en los pares de versos 3 y 4, 7 y 8 y 11 y 12? Explique el sentido de esos versos.
3. ¿Qué estereotipo sobre la mujer destruye Sor Juana en este poema? ¿Qué queja tiene ella de la sociedad con respecto a los derechos de la mujer en su tiempo?

Gertrudis Gómez de Avellaneda, tragedia y exilio

Cubana de nacimiento (1814-1873) al igual que Sor Juana reivindica el derecho de la mujer a la educación y a desempeñar un rol activo dentro del ámbito público. Su vida fue una de tragedias sentimentales lo que se ve reflejado en sus poemas y cartas de amor, pero también de profundo sentimiento patriótico. El poema a continuación representa su enorme dolor al verse obligada a abandonar su patria. El exilio se convertiría en otro de los temas que las escritoras contemporáneas heredarían de sus antecesoras.

Al partir

¡Perla del mar! ¡Estrella de Occidente!
¡Hermosa Cuba! Tu brillante cielo
la noche cubre con su opaco velo
como cubre el dolor mi triste frente.

¡Voy a partir!... La chusma[1] diligente
para arrancarme del nativo suelo
las velas iza[2], y pronto a su desvelo[3]
la brisa acude de tu zona ardiente.

¡Adiós patria feliz, edén querido!
¡Doquier[4] que el hado[5] en su furor me impela[6],
tu dulce nombre halagará[7] mi oído!

¡Adiós!... ¡Ya cruje la turgente[8] vela...
el ancla se alza... el buque[9] estremecido,
las olas corta y el silencio vuela!

1. crew of the ship, galley slaves
2. izar: to hoist the sails
3. quick to assist
4. wherever
5. fate
6. impeler: to drive
7. halagar: to flatter
8. turgid
9. ship

Preguntas de análisis y de discusión

Estructura
1. ¿Qué tipo de poema es en cuanto a su forma? ¿Cuántas estrofas tiene, y cómo se llaman esas estrofas?
2. ¿Qué figura retórica hay en la frase "el buque estremecido"?

Interpretación
1. Mencione los apelativos que el yo poético le da a su país y describa a partir de los mismos sus sentimientos por su patria.
2. ¿Cuál es el tono del poema?
3. Busque en el poema elementos que prueben que la poeta no está abandonando su país voluntariamente.
4. ¿Cómo se siente el yo poético por tener que abandonar su país?

5. ¿Qué efecto tiene el uso de las frases exclamativas a través de todo el poema?
6. ¿Qué elementos del romanticismo encontramos en el poema?

Gabriela Mistral,
canto a la madre y a la maestra

El nombre de Gabriela Mistral (1889-1957) pasó a la historia como el del primer escritor latinoamericano en recibir el Premio Nóbel de literatura. Su poesía es un canto de amor a la maternidad representada no sólo por la madre sino también por la maestra. Es una oda de amor por los niños: "Piececitos de niño/azulosos de frío/¿Cómo os ven/y no os cubren/Dios mío?" Es un canto de amor por el campesino y por los desfavorecidos de la tierra.

La poesía de Gabriela Mistral se aleja diametralmente de la perspectiva desde la cual las primeras feministas reivindicaban sus derechos criticando y rechazando la maternidad y todo lo relacionado al ámbito doméstico por considerarlo causante de la condición de subordinación que sufría la mujer dentro de la sociedad patriarcal. Otras poetas como Gioconda Belli, Yolanda Westphalen, Yolanda Blanco siguieron por la senda abierta por Mistral.

La mujer estéril

La mujer que no mece a un hijo en su regazo[1],
Cuyo calor y aroma alcance a sus entrañas,
Tiene una laxitud de mundo entre los brazos;
Todo su corazón congoja[2] inmensa baña.

El lirio[3] le recuerda unas sienes[4] de infante;
El Ángelus le pide otra boca con ruego;
E interroga la fuente de seno de diamante
Por qué su labio quiebra[5] el cristal en sosiego[6].

Y al contemplar sus ojos se acuerda de la azada[7];
Piensa que en los de un hijo no mirará extasiada,
Al vaciarse sus ojos, los follajes de octubre[8].

Con doble temblor oye el viento en los cipreses[9].
¡Y una mendiga grávida[10], cuyo seno florece
cual la parva[11] de enero, de vergüenza[12] la cubre!

1. lap
2. sorrow
3. lily
4. temples
5. quebrar: to break
6. peace
7. hoe
8. October means autumn, and autumn represents a stage of life in which women cannot conceive children
9. cypresses; trees associated with death. It alludes to the woman's physical death, as well as the death of her possibility to bear children
10. pregnant
11. haystack
12. embarrassment, shame

Preguntas de análisis y de discusión

Estructura

1. ¿Qué tipo de poema es en cuanto a su forma? ¿Es un monólogo, un diálogo, un poema descriptivo?

¿Por qué cree usted que la poeta escogió esta forma? ¿Es o no efectiva?

2. ¿Qué palabras en la primera estrofa nos recuerdan una canción de cuna?

Interpretación

1. ¿Cómo describe el yo poético la realidad de "la mujer que no mece a un hijo en su regazo" y por qué?

2. En la segunda estrofa, ¿qué versos nos muestran la descripción de la infertilidad de la mujer? ¿De qué imágenes se sirve la poeta para esa descripción?

3. En la tercera estrofa, la mujer se da cuenta de algo sobre su realidad que la golpea, ¿de qué? ¿Qué siente ella en ese momento?

4. ¿Por qué la cubre de vergüenza una mendiga embarazada?

Alfonsina Storni, "La que comprende"

Nacida en la Argentina a fines del siglo diecinueve (1892-1938) Alfonsina clamaba en forma des-
garradora en su poema "La que comprende":
-¡Señor: el hijo mío que no nazca mujer!-
Dos siglos habían pasado desde que Sor Juana
había levantado su voz para luchar por los derechos
de la mujer, y todavía la voz de la mujer no era es-
cuchada; a pesar que muy lentamente la situación de
la mujer iba cambiando, aún seguía siendo un apén-
dice del hombre.

Hombre pequeñito

Hombre pequeñito, hombre pequeñito
Suelta a tu canario que quiere volar...
Yo soy el canario, hombre pequeñito,
Déjame saltar.

Estuve en tu jaula, hombre pequeñito,
hombre pequeñito que jaula me das.
Digo pequeñito porque no me entiendes,
Ni me entenderás.

Tampoco te entiendo, pero mientras tanto
ábreme la jaula, que quiero escapar;
hombre pequeñito, te amé media hora,
no me pidas más.

Preguntas de análisis y de discusión

Estructura

1. ¿Es éste un poema con un formato clásico fijo? (soneto, redondilla, etc.)
2. ¿Tiene una rima definida? ¿Qué se puede decir en cuanto al ritmo?

Interpretación

1. ¿A quién le habla el yo poético? ¿Qué le pide a su interlocutor?
2. ¿Qué efecto tiene la repetición de las palabras "hombre pequeñito" a través del poema? ¿Qué significan dentro del poema?
3. ¿A quién se compara el yo poético? ¿Cómo se siente? ¿Dónde se encuentra? ¿Por qué llama al hombre "pequeñito"?
4. ¿Entiende el yo poético a quien la tiene enjaulada?
5. ¿Cuál es el significado del uso del modo imperativo en algunos verbos a través del poema? ¿Toma la poeta una actitud activa o pasiva frente a lo que desea?
6. ¿Cuál es el sentido final del poema?

Julia de Burgos, "Yo misma fui mi ruta"

Desde el Caribe puertorriqueño Julia de Burgos (1914-1953) suma su voz al canto de las poetas del continente. "Yo quise ser como los hombres quisieron que yo fuese:/ un intento de vida;/ un juego al escondite con mi ser./ Pero yo estaba hecha de presentes;/ cuando ya los heraldos me anunciaban/ en el regio desfile de los troncos viejos,/ se me torció el deseo de seguir a los hombres,/ y el homenaje se quedó esperándome," era el grito desesperado de Julia para explicarnos el porqué ella tomó la no fácil decisión de labrarse su propia ruta (de "Yo misma fui mi ruta").

Su ser combatió con espada en mano el rol de sometimiento de la mujer a las normas de la sociedad patriarcal: "Tú en ti misma no mandas; a ti todos te mandan;/ en ti mandan tu esposo, tus padres tus parientes/ el cura, la modista, el teatro, el casino,/ El auto, las alhajas, el banquete, el champán,/el cielo y el infierno, y el qué dirán social./ En mí no, que en mí manda mi solo corazón,/ mi solo pensamiento; quien manda en mí soy yo" (de "A Julia de Burgos").

Pero no sólo Julia de Burgos se preocupó por la situación de la mujer. Es la primera poeta en reivindicar los derechos de la población negra y en reafirmar orgullo por el mestizaje de la raza caribeña en su poesía, reafirmación de la que se hace eco la poeta cubana Nancy Morejón.

Ay ay ay de la grifa[1] negra

Ay ay ay, que soy grifa y pura negra;
Grifería en mi pelo, cafrería[2] en mis labios
Y mi chata[3] nariz mozambiquea[4].

Negra de intacto tinte, lloro y río
La vibración de ser estatua negra;
De ser trozo de noche, en que mis blancos
Dientes relampaguean[5];
Y ser negro bejuco[6]
Que a lo negro se enreda[7]
Y comba el negro nido[8]
En que el cuervo se acuesta.
Negro trozo de negro en que me esculpo,
Ay ay ay que mi estatua es toda negra.

Dícenme[9] que mi abuelo fue el esclavo
Por quien el amo[10] dio treinta monedas.
Ay ay ay, que el esclavo fue mi abuelo
Es mi pena, es mi pena.
Si hubiera sido el amo,
Sería mi vergüenza;
Que en los hombres, igual que en las naciones,
Si el ser el siervo[11] es no tener derechos,
El ser el amo es no tener conciencia.

Ay ay ay, los pecados[12] del rey blanco
Lávelos en perdón la reina negra.

Ay ay ay, que la raza se me fuga[13]
Y hacia la raza blanca zumba y vuela
A hundirse en su agua clara;
O tal vez si la blanca se ensombrará[14] en la negra.

Ay ay ay, que mi negra raza huye[15]
Y con la blanca corre a ser trigueña[16];
A ser la del futuro,
Fraternidad de América.

(de *Poema en veinte surcos*)

1. dícese de los cabellos crespos y enmarañados
2. relativo a pueblos de Africa meridional, Kaffir
3. flat
4. reference to Mozambique
5. relampaguear: to flash with lightning
6. kind of cord
7. enredarse: to tangle
8. nest
9. they tell me
10. master
11. serf
12. sins
13. fugarse: to escape
14. ensombrecerse: to become darker
15. huir: to escape
16. olive-skinned

Preguntas de análisis y de discusión

1. ¿A quién le habla el yo poético?
2. ¿Cómo se describe el yo poético en las dos primeras estrofas para afirmar la raza a la que pertenece? ¿Qué raza es?
3. Explique la relación de esclavitud descrita en la tercera estrofa. ¿Por qué asocia al abuelo con la pena y al amo con la vergüenza?
4. ¿Qué pide el yo poético en la cuarta estrofa?

5. ¿Qué situación describe el yo poético en las dos últimas estrofas? ¿Cuál es su visión del futuro de América?

6. ¿Qué efecto tiene la repetición de la expresión "ay ay ay" a través del poema?

7. ¿Es el tono del poema pesimista u optimista? Explique.

*P*oetas contemporáneas

O*dette* A*lonso* Y*odú*

Breves notas biográficas

Nace en Santiago de Cuba en 1964. Poeta y narradora; Licenciada en Letras por la Universidad de Oriente en 1986. Reside en México desde 1992. De su infancia y adolescencia recuerda Alonso Yodo: "Fui una adolescente, y luego una joven, enamoradiza y contrariadora de los cánones establecidos; cuestionante de la realidad en cada una de sus facetas, nunca acepté sin reparos hacer algo de lo que no estuviera convencida. Lógicamente eso me trajo algunos problemas, pero también las satisfacciones de poder enfrentarme a ellos y aprender a resolverlos por mí misma" (Gac-Artigas, Entrevista personal inédita 2004).

Proveniente de una familia donde abundaban los maestros de humanidades, su inclinación a la literatura y al trabajo editorial no es sorprendente. Su vocación por la poesía le llegó de manera "sorpresiva, inesperada" en sus años juveniles y se abrazó a ella para siempre con la pasión que crece con la edad.

Ha publicado: *Criterios al pie de la obra* (Premio Nacional "13 de Marzo", 1988); *Enigma de la sed* (1989); *Historias para el desayuno* (Premio de poesía "Adelaida del Mármol", 1989); *Palabra del que vuelve* premio de poesía Pinos Nuevos, Cuba (1996); *Linternas* (1997); *Onírica, última función* (1999), *Insomnios en la noche del espejo* (Premio Internacional de Poesía

37

"Nicolás Guillén" 1999), *Visiones* Prosa poética (2000); *Antología cósmica de Odette Alonso* (2001); *Cuando la lluvia cesa* (2002); *Diario del caminante* (2003).

Editora de *Las cuatro puntas del pañuelo*, antología de poetas cubanos en el exilio.

Textos suyos han sido incluidos en varias antologías, revistas y publicaciones culturales de Cuba, México, Estados Unidos y Canadá.Es miembro de la Red de Escritoras Latinoamericanas (RELAT); de la Unión de escritores y artistas de Cuba (UNEAC); de Latino Artist Round Table (NY/USA) y de la Unión de mujeres escritoras de las Antillas (UMEDA).

Premios: además de los arriba mencionados, premio de poesía Punto de Partida de la Universidad Nacional Autónoma de México (1993) y menciones en el concurso internacional de la revista mexicana *Plural* (poesía, 1993), en el concurso internacional de cuento Lourdes Casal (1996) y el Premio Internacional de Poesía Nicolás Guillén (1999) por su poemario *Insomnios en la noche del espejo*.

Introducción a la obra

Decía el maestro Pablo Neruda que la poesía no era para explicarla sino para sentirla, lo que se puede aplicar sin vacilación a los poemas de Odette Alonso. Su poesía es melodiosa, emotiva, sugestiva, todo queda por decir, pero todo lo sentimos. Alonso es muy concisa en sus versos; cada palabra está cuidadosamente escogida y cortada al escalpelo para no romper el ritmo del verso, pero sin quedarse corta en el sentido de lo que nos quiere hacer sentir. Una vez envueltos en la magia de su verbo, podemos intentar comprender el sentido de las palabras.

El primer poema es de *Visiones*, colección de poesía en prosa. La poeta se adentra en el génesis de su vida, las memorias de su infancia, los sentimientos puros e ingenuos pero no por ello menos sabios del niño que todos fuimos. El poema "Llanto de la ciudad cuando me alejo" es una sobrecogedora metáfora en que ciudad y mujer se confunden. Aquí se trata de apreciar el sentir de la poeta frente al dolor del abandono; mientras que "Eva o el pecado original" es un desbordado y ardiente canto al erotismo.

VIII
(el cañón)

He metido la cabeza en la boca del cañón. Tengo tres años, una herida en la mano derecha y una hermana que acaba de nacer. Es linda, con unas cejas anchísimas y el pelo muy negro. También es linda la venda blanca que cubre mi mano y la oscuridad dentro del cañón...

Preguntas de análisis y de discusión

1. ¿Qué edad tiene el yo poético?
2. ¿Qué significado tiene la relación que hace el yo poético entre la herida en su mano y el nacimiento de su hermanita?
3. Estudie y comente el poder de la descripción en este poema.
4. Comente la repetición en la utilización del color negro en las descripciones. ¿Se ve el negro como un color positivo o negativo?

Llanto de la ciudad cuando me alejo

... qué sola te quedaste,
mi madre, con tus huesos.
Eliseo Diego

A Santiago de Cuba

Qué culpa[1] tiene madre
Con tanto orgullo y tanto título en la frente
De que sus hijos huyan para hacerse crecer.
Qué culpa tiene la pobre de los muros
Del que se eleva sobre su cadáver
Y le vacía el alma.
Oh ciudad
Cuánto amor se me cae
Qué triste te me vuelves entre tanta montaña.
Qué sola estás.
A qué manos entregaste tu vejez
Con qué artificios te cubren el semblante.
Cómo es posible   ciudad
Cómo es posible
Este patriótico olvido[2] en que te dejan.

1. guilt
2. oblivion

Preguntas de análisis y de discusión

1. Este poema es una personificación ¿de qué? Explique.
2. ¿Cuál es el tono del poema? ¿De qué recursos se sirve la poeta para lograr ese tono?

3. Explique la selección por parte de la poeta del adjetivo "patriótico" en el último verso.

Eva o el pecado original

Nada fue como dicen.
Yo descubrí mi cuerpo   mojado en la maleza[1]
y lo empecé a palpar[2].
Era mi cuerpo solo el que se hinchaba[3]
inflamada mi vela.
No supe qué corría por mi vientre
trepaba[4] hasta mi pecho
enceguecía[5].
Tuve miedo y grité
tuve miedo y rodé por la maleza.
Era fuego   era sangre   era lava de volcán
era espejismo.
No supe qué pasaba y tuve miedo
pero dejé rodar mi cuerpo   y la llovizna
y algo estalló[6] vibrante quién sabe en qué recodo[7].
Después dormí tranquila
un tiempo inexplicablemente largo.
Después quizás llegara Adán   pero ya no lo vi
otra vez la llovizna humedeció mi cuerpo
y me sentí gritar.

1. weeds
2. to touch, to feel
3. hincharse: to swell
4. trepar: subir: to clima
5. enceguecer: to blind
6. estallar: to burst, to explode
7. turn, bend

Preguntas de análisis y de discusión

1. ¿Qué alusiones bíblicas encontramos en el poema?
2. Compare y contraste el pecado original como descrito en este poema y el que propone la tradición judeo-cristiana.
3. Comente y discuta el erotismo en este poema. ¿Cómo lo logra crear la poeta?

Elizabeth Altamirano

Breves notas biográficas

Poeta, narradora y promotora cultural nacida en Chile pero residente en el Perú desde hace más de treinta años. Es en ese país hermano donde ha desarrollado su actividad literaria.

En los años 1988, 1989 y 1998 fue presidenta del Centro de Escritoras de Arequipa. Altamirano, junto a otras poetas peruanas estuvo a la base de la fundación y organización del Primer Encuentro Internacional de Escritoras "María Nieves y Bustamante" que se llevó a cabo en Arequipa en el año 1998 y que de ahí en adelante ha tenido sede en diferentes países de América Latina. Elizabeth fungió como coordinadora de este magno evento en los años 1999, 2000 y 2001 en los encuentros realizados en Chile, Uruguay y Argentina.

Ha publicado:

Poesía: *Latu Sensu*, bilingüe español y portugués (2003); *Con sabor a Chile*, poemas y cuentos, editado con el auspicio de la Universidad Católica Santa María de Arequipa (2000); *El Ayer Cautivo* (1987).

Cuento: *Ceremonia Nocturna*, editado con el auspicio de la Municipalidad de Sachaca, Arequipa – Perú (1979).

Premios: Mención Honrosa en el Concurso Nacional "Cuentos Andinos", Lima, Perú por "El Misterio del Wenke" (1988); Mención Honrosa en el Concurso Internacional de "Literatura Popular" Lima, Perú por "Los Diablos Blancos" (1989); Nombrada miembro de Honor de la Sociedad de Arte de La Paz (1998); Condecorada con la Medalla de la Cultura de la Ciudad, otorgada por la Municipalidad de Arequipa, Perú (1998).

Introducción a la obra

La poesía de Elizabeth Altamirano enfrenta por un lado la temática feminista de una búsqueda de identidad que trasciende lo individual para ir a encontrarse con lo colectivo como se puede apreciar en el poema "Eva." En sus poemas no sobra una palabra; cada término trae consigo una intensa carga emotiva, cada verso un profundo simbolismo.

En el poema "Transmutar" se hace patente la faceta de reunificación del ser humano con la naturaleza y el universo de los que forma parte; el ser humano como una especie de dios creador y hacedor de su destino al mismo tiempo capaz de objetivarse, observarse y juzgar sus propios actos.

Eva

De tanto mirar el cielo
me fueron creciendo alas
anhelando el vuelo
de largas travesías azules
Volé a cielo abierto
encontré mi Adán desnudo
presente y sin pasado
en un mundo abstracto
sin hojas
sin árboles
sin frutos
y...
sin vergüenza.

1. ¿Con qué personaje bíblico se compara el yo poético?
2. ¿Qué simbolismo encierra el hecho de que le hayan crecido alas?
3. Explique el verso "encontré mi Adán desnudo/ presente y sin pasado."
4. Los versos que comienzan con "sin hojas" hasta el final del poema, ¿a qué hacen alusión y qué significan?

Transmutar

Intento asir[1] y exhibir
un acontecimiento íntimo.
Clamo en el desierto
sólo encuentro aridez[2]
arena
escurre[3] entre mis dedos.
Quiero transmutar
mi concepción primigenia.
Contemplar mi creación
mirar para ver mirar
mi rostro emocionado
reflejado
en el espejo de un poema.

1. seize, grasp
2. dryness
3. escurrirse: to slip

Preguntas de análisis y de discusión
1. Haga un estudio cuidadoso de los verbos que utiliza el yo poético para expresar lo que desea hacer.
2. Explique cuál es la transmutación que quiere lograr.
3. ¿Cuál cree Usted que es el objetivo del yo poético al querer "transmutarse"?

Yolanda Bedregal

Breves notas biográficas

Maestra de profesión, poeta, escultora y narradora por vocación, Yolanda Bedregal nació en La Paz en 1916 en el seno de una familia de intelectuales. Realizó estudios de arte en la Academia de Bellas Artes de su ciudad natal, y a la par con su producción artística se dedicó a la docencia. Fue profesora en la Universidad Mayor de San Andrés así como en su alma máter, la Academia de Bellas Artes, lo que la mantuvo en contacto directo con la juventud boliviana.

En 1936 obtuvo una beca de estudios de Barnard College, NY. Terminados sus estudios en dicha institución regresó a La Paz y se integró a la vida cultural de su país. En 1948 recibió dos grandes distinciones: el grupo nacional "Gesta Bárbara" en representación de la juventud intelectual boliviana de la época la proclama "Yolanda de Bolivia" y a su vez, es aclamada como "Yolanda de América" por la Sociedad Argentina de Escritores.

Como difusora cultural, Bedregal estuvo a la base de la fundación, y a la cabeza de la dirección de instituciones tales como la Unión Nacional de Poetas y Escritores y el Comité de Literatura Infantil. También fue Vicepresidenta del Ateneo Femenino de Bolivia y Vocal del Concejo Nacional de Cultura y del Concejo Municipal de Cultura dependiente de la Alcaldía de La Paz. En 1973 fue elegida miembro de la Academia Boliviana de la Lengua.

Su productiva y variada carrera literaria incluye más de dieciséis libros tanto de poesía como de narrativa. Además, como pedagoga, publicó también artículos de historia del arte para niños, y ensayos sobre el arte aymará y quechua y sobre mitología y folklore indígena. Muchos de sus cuentos y poemas han sido traducidos a otros idiomas y publicados en antologías europeas y norteamericanas.

Falleció en 1999 a los ochenta y tres años de edad. En su memoria y para honrar nuevas generaciones de poetas, en el año 2001 el gobierno de Bolivia instituyó el "Premio nacional de poesía Yolanda Bedregal" el que es anualmente otorgado.

Publicó:

Poesía: *Naufragio* (1936), *Poemar* (1937), *Ecos, Almadía* (1942), *Nadir* (1950), *Del mar y la ceniza* (1957), *Antología poética, El cántaro del angelito, Alegatos, Calendario folklórico de La Paz, Escrito.*

Novela: *Bajo el oscuro sol* (1971).

Investigación: *Antología de la poesía boliviana* (1977).

Premios:

Premio Nacional de Poesía, Premio Nacional del Ministerio de Cultura; Premio Nacional de la Novela Erich Guttentag por su novela *Bajo el oscuro sol* (1970); Gran Orden de la Educación Boliviana; Honor Cívico Pedro Domingo Murillo; Honor al Mérito; Escudo de Armas de la Ciudad de La Paz por Servicios Distinguidos y Medalla a la Cultura de la Fundación Manuel Vicente Ballivián; candidata por Bolivia al premio de Poesía Reina Sofía (1993); proclamada "Dama de América" por el Consejo Nacional de Derechos de la Mujer de México (1993); condecoración Franz Tamayo en el grado de Gran Cruz de la Prefectura del departamento de La Paz (1995); Medalla Gabriela Mistral del gobierno de Chile (1996); condecoración Parlamentaria Nacional en el grado de Bandera de Oro del Congreso de Bolivia (1997).

Introducción a la obra

Los tres poemas aquí incluidos representan, cada uno, un aspecto diferente de la poesía de Yolanda Bedregal, y en su conjunto, la amplitud temática y de estilo que la caracterizan: el amor en todas sus manifestaciones, la solidaridad con el sufrimiento del ser humano en la tierra, la admiración por los paisajes de su tierra y la naturaleza, la armonía del hombre con el cosmos.

Tus manos

Canción de la esperanza
en el camino inútil
de mi vida, tus manos
cruzan como dos alas
cargadas de ternura

Preguntas de análisis y de discusión

1. ¿Con qué compara el yo poético las manos de ese ser querido?
2. ¿Qué le aportan esas manos al yo poético?

Nacimiento

Ultimo día del invierno y primero de la primavera.
Ultimo día de la tibia tiniebla de la entraña
para entrar en la fría luz del mundo.
Yo estaría madura de la sombra, de la nada,
del amor: madura de la carne en que crecía.
Y asomo mi cabeza con un grito:

flor de sangrante herida
cúspide lúcida del dolor más hondo
¡jubiloso momento de tragedia!
Mi madre habrá tenido sus ojos, lacrimosa,
a la semilla de las cruces.
Nadie pensaba entonces que relojes
de cuarzo o girasol la esperarían.
Al vórtice de esta hora, cuántos muertos
habrá resucitado en el vagido[1]
que tenía la alcoba de luz verde.
Yo habría de cumplir cuántos designios,
tendría que repetir la máscara de algún antepasado
quién sabe la ponzoña[2] de su alma, o su nobleza;
realizar sus venganzas, restañar[3] sus fracasos.
Venir de la resaca[4] de unos seres lejanos
que se amaron un día
que se encadenaron con la vida
ser una argolla[5] más de esa condena[6].
Saber que somos frutos de un punto de alegría
¡y ese germen, Dios mío!
¿desde qué grietas sube, de qué simas?
De la tibia tiniebla a la luz fría
hendiendo[7] vida y muerte
la frágil levadura su eternidad mordida

1. cry
2. poison
3. stop
4. (literally) undercurrent; fluids
5. link
6. (law) sentence
7. hender: to split

Preguntas de análisis y de discusión

1. ¿Cómo describe el yo poético el momento del nacimiento?

2. Explique la aparente contradicción del verso "¡jubiloso momento de tragedia!"
3. Basado en el poema explique por qué compara la poeta la vida a "ser una argolla más de esa condena."

Rebelión

Miraba yo la pampa inmensa soñando con el mar.
Miraba yo la pampa tensa, tan alta, tan serena,
tocando con el cielo su frente de cristal;
un acorde de grises y violetas su manto,
¡qué altura en la belleza!
¡qué altura en la belleza!
¡qué majestad estática en el día
altiplánico!
De pronto un niño llora.
Entre la paja[1] brava, con su ponchito[2] viejo
llora un niño. ¿Por qué?
Quien sabe...
El indio aymará se lleva el grito en su raza,
y su clamor innato
desgarra la serena nobleza del paisaje.
Un niño, un llanto humano es una herida abierta
que ensangrienta este mundo.
Tiemblan y se estremecen[3] los monolitos míticos:
se rompen y entreveran[4] los caminos de paz.
Hay maldad[5] en la tierra.
Arde lo que era de hielo.
Las palabras suaves se crispan en los puños
desafiando al relámpago.
Corro sobre la pampa desaforadamente;
me quema el corazón como una brasa.
Hay maldad en la tierra, hay injusticia.
Quizás más lejos halle la bandera que busco.
Quiero la gleba[6] abierta con sus labios de surcos

51

como un libro de música.
Quiero que se calme este llanto de niño
que es llanto del mundo.

1. straw
2. small poncho
3. shake, tremble
4. intermingle
5. evil

Preguntas de análisis y de discusión

1. ¿Cómo contrastan la imagen del paisaje y del niño en el poema?
2. ¿Qué caracteriza al mundo de hoy según el yo poético?
3. ¿Está feliz la poeta con esta situación o desea que cambie?
4. ¿Cuál es el tono del poema?

Gioconda Belli

Breves notas biográficas

Poeta y narradora nicaragüense nacida en Managua en diciembre de 1948. Sus primeros poemas aparecieron en diarios y revistas de su país tales como *El gallo ilustrado* y *La prensa literaria*. Esta temprana obra se ve galardonada en 1972 con el premio de poesía Mariano Fiallos Gil de la Universidad Autónoma de Nicaragua a su poemario *Sobre la grama* lo que la convierte en una de las voces más frescas y genuinas   dentro de la poesía contemporánea de su país. Su voz se suma a la lucha por la revolución en 1978 con el poemario *Línea de fuego* que le vale el prestigioso premio Casa de las Américas.

Su compromiso político la obliga a partir al exilio en Costa Rica desde donde continúa su labor como miembro del Frente Sandinista de Liberación Nacional (FSLN). Regresa a Nicaragua en 1979 al momento del triunfo del sandinismo.

Más adelante su narrativa se hace eco de este compromiso en las novelas *De la costilla de Eva, La mujer habitada, Waslala* y sobre todo en sus memorias *El país bajo mi piel*.

Gioconda Belli tiene cuatro hijos. Actualmente está casada con un periodista norteamericano y reside en los Estados Unidos.

Ha publicado:

Poesía: *Sobre la grama* (1974); *Línea de fuego* (1978); *Truenos y arcoiris* (1982); *Amor insurrecto* (1984);

Novela: *De la costilla de Eva* (1989); *La mujer habitada* (1994); *Waslala* (1998); *El pergamino de la seducción* (2005).

Memorias: *El país bajo mi piel* (2002).

Premios: Premio de poesía Mariano Fiallos Gil, Universidad Autónoma de Nicaragua, 1972 por *Sobre la grama*; Premio Casa de las Américas, Cuba, 1978 por *Línea de fuego*.

Introducción a la obra

La poesía de Belli sintetiza con fuerza y ternura una amplia gama de emociones: los sentimientos de amante y madre, pero también el compromiso político y social de la mujer, en su caso específico, con la lucha por la liberación de Nicaragua y de la mujer nicaragüense y la construcción de una nueva sociedad de justicia e igualdad. A través de los poemas escogidos para ilustrar las diversas facetas de su poesía hacemos un recorrido por sentimientos tan femeninos como el orgullo de ser mujer, la maternidad, el amor ardiente y reposado de la adultez así como por ideales tan humanos como el compromiso social de la mujer con su tiempo en tanto individuo miembro de una sociedad.

Y Dios me hizo mujer

Y Dios me hizo mujer,
de pelo largo,
ojos,
nariz y boca de mujer.

Con curvas
y pliegues y suaves hondonadas
y me cavó por dentro,
me hizo un taller de seres humanos.
tejió delicadamente mis nervios
y balanceó con cuidado
el número de mis hormonas.
compuso mi sangre
y me inyectó con ella
para que irrigara
todo mi cuerpo;
nacieron así las ideas,
los sueños,
el instinto.
Todo lo creó suavemente
a martillazos de soplidos
y taladrazos de amor,
las mil y una cosas que me hacen mujer todos los días
por las que me levanto orgullosa
todas las mañanas
y bendigo mi sexo.

(de: *Sobre la grama*)

Preguntas de análisis y de discusión

1. Comente en qué se ve el orgullo del yo poético en su sexo.

2. Comente los versos "Todo lo creó suavemente/ a martillazos de soplidos/ y taladrazos de amor" ¿Qué figuras poéticas están contenidas en los mismos?

Uno no escoge

Uno no escoge el país donde nace;
pero ama el país donde ha nacido.

Uno no escoge el tiempo para venir al mundo;
pero debe dejar huellas de su tiempo.

Nadie puede evitar su responsabilidad.

Nadie puede taparse los ojos, los oídos,
enmudecer y cortarse las manos.

Todos tenemos un deber de amor que cumplir,
una historia que hacer,
una meta que alcanzar.

No escogimos el momento para venir al mundo:
ahora podemos hacer el mundo
en que nacerá y crecerá
la semilla que trajimos con nosotros.

(de: *Sobre la grama*)

Preguntas de análisis y de discusión

1. ¿Qué efecto tiene el que la poeta utilice el impersonal "uno" para escribir el poema?
2. ¿Qué cosas, según la poeta uno no escoge?
3. ¿Qué cosas, según la poeta son los deberes del hombre en este mundo? ¿Está usted de acuerdo o en desacuerdo con su opinión? Explique.

Dios dijo:

Ama a tu prójimo como a ti mismo.
En mi país
el que ama a su prójimo
se juega la vida.

(de: *Línea de fuego*)

Preguntas de análisis y de discusión

1. Explique lo que significa para usted el poema.
2. ¿Cree usted que sea tan peligroso como lo expone la poeta el poner en práctica un principio cristiano?

Ya van meses, hijita

que no te veo.
Meses en que mi calor
no ha arrullado[1] tu sueño.
Meses en que sólo
hemos hablado por teléfono
-larga distancia, hay que hablar de aprisa-
¿Cómo explicarte, mi amor,
la revolución a los dos años y medio?
¿Cómo decirte: las cárceles están llenas de gente,
en las montañas el dolor arrasa[2] poblados enteros
y hay otros niños que no escucharán ya la voz de sus
madres?
¿Cómo explicarte que, a veces,
es necesario partir
porque el cerco se cierra
y tenés que dejar tu patria, tu casa, tus hijos
hasta quién sabe cuándo
(pero siempre con fe en la victoria)

¿Cómo explicarte que te estamos haciendo un país
nuevo?
¿Cómo explicarte esta guerra contra el dolor,
la muerte, la injusticia?
¿Cómo explicarte tantas,
pero tantas cosas,
mi muchachita...?

(de: *Línea de fuego*)

1.   arrullar: to lull
2.   arrasar: to devastate

Preguntas de análisis y de discusión

1. ¿A quién le habla el yo poético en este poema?
2. ¿Qué sentimientos tiene?
3. ¿Por qué el yo poético no ha podido arrullar a quien le está hablando en meses?
4. ¿Por qué se le hace difícil explicarle las cosas que menciona en el poema?
5. ¿El tono del poema es pesimista u optimista?
6. ¿Piensa usted que tuvo razón la poeta de partir y dejar a su hija? Explique. ¿Qué habría hecho usted en su lugar?
7. ¿En qué se ve el compromiso político de la poeta?

De noche, la esposa aclara

No.
No tengo las piernas de la Cindy Crawford.
No me he pasado la vida en pasarelas,
desfiles de modas,
tostada bajo las luces de los fotógrafos.
Mis piernas son anchas ya llegando a la cadera,
y a pesar de mis múltiples intentos

por ponerme trajes aeróbicos
y tirarme en el suelo a sudar,
no logro que pierdan esa tendencia a ensancharse,
como pilares que necesitaran jugoso sustento.

No.
No tengo la cintura de la Cindy Crawford
Ni ese vientre perfecto, liso y ligeramente cóncavo,
con el ombligo deslumbrante en el centro.
Alguna vez lo tuve.
Alguna vez presumí de esa región de mi anatomía.
Fue antes de que naciera Camilo,
antes de que él decidiera apresurarse a nacer
y decidiera entrar al mundo de pie;
antes de que la cesárea
me dejara cicatriz.

No.
No tengo los brazos de la Cindy Crawford
Tostados, torneados, cada músculo fortalecido con el ejer-
cicio indicado,
las pesas delicadamente balanceadas.
Mis brazos delgados no han desarrollado
más musculatura
que la necesaria para marcar estas teclas,
cargar a mis hijos, cepillarme el pelo,
gesticular discutiendo sobre el futuro,
abrazar a los amigos.

No.
No tengo los pechos de la Cindy Crawford,
anchos, redondos, copa B o C.
Los míos nunca han sido
muy lucidores en los escotes,
aún cuando mi madre me asegurara
-madre al fin-

que los pechos, así separados, eran los pechos griegos
de la Venus de Milo.

¡Ah! Y la cara, la cara de la Cindy Crawford,
ni se diga.
Ese lunar en la comisura de la boca,
las facciones tan en orden, los ojos grandes,
el arco de las cejas, la nariz delicada.
Mi cara, por la costumbre,
ha terminado por gustarme:
los ojos de elefante,
la nariz con sus ventanas de par en par,
la boca respetable, después de todo sensual.
Se salva el conjunto con la ayuda del pelo.
En este departamento sí puedo
aventajar a la Cindy Crawford.
No sé si esto pueda servirte de consuelo.

Por último y como la más pesada evidencia,
no tengo el trasero de la Cindy Crawford:
pequeño, redondo,
cada mitad exquisitamente delineada.
El mío es tenazmente grande, ancho,
ánfora o tinaja usted escoja.
No hay manera de ocultarlo
y lo más que puedo es no tenerle vergüenza,
sacarle provecho para leer cómodamente sentada
o ser escritora.

Pero decime:
¿Cuántas veces has tenido a la Cindy Crawford
a tus pies?
¿Cuántas veces te ha ofrecido, como yo, ternura en la mañana,
besos en la nuca mientras dormís,
cosquillas, risas, el sorbete en la cama,

un poema de pronto, la idea para una aventura,
las premoniciones?
¿Qué experiencias te podría contar la Cindy Crawford
que, remotamente, pudieran compararse con las mías,
qué revoluciones, conspiraciones, hechos históricos,
tiene ella a su haber?
Modestia aparte, ¿será su cuerpo tan perfecto
capaz de los desaforos del mío,
brioso, gentil, conocedor de noches sin mañana,
de mañanas sin noche,
sabio explorador de todos los rincones
de tu geografía?

Pensalo bien. Evaluá lo que te ofrezco.
Cerrá esa revista
y vení a la cama.

Preguntas de análisis y de discusión

1. ¿En qué se diferencia el yo poético de Cindy Crawford? ¿En qué se diferencia, según el yo poético, el amor de la juventud del amor de los tiempos maduros?
2. ¿Qué tiene el yo poético que ofrecerle a su esposo que no puede ofrecerle Cindy Crawford?
3. ¿Cómo logra el yo poético crear un ambiente de suspenso a través del poema y de qué recurso se vale para romperlo sorpresivamente al final?

Yolanda Blanco

Breves notas biográficas

Yolanda Blanco nace en Managua, Nicaragua en 1954. Estudia en la Universidad Nacional Autónoma de Nicaragua en León por alrededor de dos años a comienzos de los años setenta. Luego viaja por diferentes países entre ellos Francia y Venezuela. En la Universidad de Tours, Francia estudia historia del arte y literatura y en la Universidad Central de Venezuela obtiene un bachillerato en humanidades.

Blanco escribe poemas desde muy temprana edad; su regalo de quinceañero fue la publicación de su primera colección de poemas. Actualmente reside en los Estados Unidos donde ha sido invitada a leer su poesía y a dirigir seminarios de poesía en diversas universidades, así como en universidades de Centro y Sur América, y dirige el portal de poesía nicaragüense *Dariana*.

La poesía de Yolanda Blanco celebra la naturaleza y la mujer como parte de ese mundo natural que nos rodea así como la lucha del pueblo nicaragüense contra la injusticia y la opresión de la dictadura de Anastasio Somoza derrocada por el Frente Sandinista de Liberación Nacional en 1979.

Ha publicado:
Poesía: *Así cuando la lluvia* (1974), *Cerámica Sol* (1976), *Penqueo en Nicaragua* (1981) y *Aposentos* (1985).
Novelas para jóvenes: *No eches la culpa a los niños, La canción de cada cual* y *Cuando muere un héroe* (1996).

Introducción a la obra

Los poemas a continuación forman parte de la colección *Aposentos* y crean un todo celebratorio al hecho de ser mujer, lo que la distingue a través de las diferentes etapas de la vida; lo que la hace única y la eleva a la categoría de ser privilegiado. Abordan también los poemas la facultad dadora de vida del acto de creación literaria.

Iniciación

Y me dio esta oración
para decirla tan sólo
a las horas de la sangre:

Aprendo del menstruo
Forjo mi contigüidad con la luna
De la ubicua tierra
arranco mi fuerza

Sé que mes a mes hay un hijo que me sueña.

Preguntas de análisis y de discusión

1. ¿Quién es el yo poético?
2 ¿Qué momento de la vida de la mujer canta la poeta?
3. ¿Cómo presenta este momento?

4. ¿Qué relación existe entre el título y el poema?
5. ¿Qué significa el último verso y qué tiene de particular en la construcción sintáctica de la frase? ¿Quién sueña a quién?

Preñez

Estoy aumentando de cintura
y una vida
casi se me sale por los labios

Procuraré no decirlo
Escribo por tanto:
escribo un niño

(nuestra sangre nuestra
nuestros genes nuestros)

¿XX?, ¿XY?
un hijo: ella o él completos.

Crecerá más mi barriga
y ya no pronunciaré palabra

Esta alquimia interior
hablará por mí
por nos:
Nos hará un hijo.

Preguntas de análisis y de discusión

1. ¿Qué estado describe la poeta?
2. ¿Qué sentimientos provoca el poema?

3. ¿Cómo se siente físicamente la mujer embarazada?

Númenes

Los nombro :

Demiurgos
Duendes
Oscuros númenes

Argumento:
Hálito
Impulso
Alquimia biogenética en ellos

¡A mis ovarios alzo

Aquí
profundo
alertamente ocultos!

Preguntas de análisis y de discusión

1. ¿A quién dedica la autora este poema? ¿Por qué los llama númenes, demiurgos, duendes?
2. ¿Por qué dice que tienen alquimia biogenética?

Menopausia

No habrá eclipse de luna
No habrá plenilunio, ni luna menguante
Ni flujo de humores
ni luna de sangre
o gesto metáfora,

distinto de ayer
de mañana
del de esta tarde.
No vendrá ya el pigmalión del cambio
Metamorfoseando tus terredades:

No vendrá más la fase
de luna menstruante.

Preguntas de análisis y de discusión

1. ¿Cómo describe la poeta esta fase de la vida de la mujer?
2. Discuta la unidad en los poemas de Yolanda Blanco aquí incluidos.

Cecilia Bustamante

Breves notas biográficas

Nace en el Perú; es escritora, poeta, periodista, editora y conferencista. Dejó su país de origen en 1969, vivió en México y España y desde 1973 reside en Austin, Texas. Se graduó con honores de la Escuela de Bellas Artes en Lima. Fue miembro de la Comisión de Educación en las Artes del Ministerio de Educación y la primera mujer aceptada como miembro del comité ejecutivo de la Federación de Periodistas del Perú (FPP). En 1976, junto a Magda Portal fundó el Centro Peruano de Escritoras (C.P.E. hoy con diferentes secciones). En 1976 reorganizó la sección del PEN Club del Perú.

Es fundadora de la Asociación peruana de traductores e intérpretes (APIT) y de la "Austin Independent Artists Alliance" (IAA). Premio Nacional de Poesía del Perú, su obra literaria ha sido traducida a, y publicada en varios idiomas y es agregado cultural ad honorem del Perú.

Su poema "El astronauta" se encuentra expuesto en el Smithsonian Institute, Air and Space Museum.

Ha publicado: *Tres Poetas*, Antología Cecilia Bustamante, Jorge Bacacorzo, Arturo Corcuera (1956); *Altas Hojas* (1961); *Símbolos del corazón* (1961); *Poesía* (1963); *Nuevos poemas y Audiencia* (1965); *El nombre*

69

de las cosas (1970, 1976); *Amor en Lima* (1977); *Discernimiento* (1971-1979); *Modulación Transitoria* (1986).
Premios: Primera Mención Honrosa Premio Nacional de Poesía, Lima (1961) por *Altas Hojas*; Primera Mención Honrosa Premio Nacional de Poesía, Lima (1963) por *Poesía*; Premio Nacional de Poesía, Lima (1965) por *Nuevos poemas y Audiencia.*

Introducción a la obra

Nos ocuparemos en esta sección sobre Cecilia Bustamante de dos de sus más portentosos poemas: "Muchacha de Caravelí" de su colección *Discernimiento,* y de "País de las maravillas" de *Modulación transitoria.* En el primero tenemos a la Cecilia Bustamante que rememora, que con nostalgia infinitamente conmovedora nos hace recorrer en vertiginosa, pero plácida espiral las cuatro estaciones de la vida de esa muchacha de Caravelí que tanto significa para ella.

El segundo es un brillante ejemplo de cómo, a través de la elaboración de las imágenes precisas, de los versos justos se puede lograr crear un determinado ambiente para que el lector lo sienta y no para que trate de explicárselo; para que el lector se deje envolver sin poner oposición alguna.

Muchacha de Caravelí[1]

a mi madre (1907-1998)

Días de la infancia
suben
por las sierras[2] de la memoria.

Entre el pan de oro
y los esmaltes,
tus estaciones vírgenes
de inextricable[3] hermosura.

Tantos años
la espiral
hasta que un día
dijiste "quiero irme a viajar"
a causa de los tiempos idos,

Seguiste
en otros países la repetición
de tantas cosas.
El destino ya puesto a dormitar
para que te ausentes
de este extraño lugar
que promete la dicha
siempre en el futuro.

Tus manos
el brillo del amor han perdido.
Todo se empieza a desprender[3]
con terror en los ojos.
Pisamos la tierra hambrienta,
el camino
que nadie puede detener.

1. Provincia de Arequipa, al sur del Perú.
2. mountain range
3. detach, separate

Preguntas de análisis y de discusión

1. ¿A quién le rinde homenaje el yo poético?
2. ¿Por qué cree que la llama "muchacha?"
3. ¿Qué significa "las sierras de la memoria?"
4. Explique el significado de los versos "para que te ausentes/de este extraño lugar/ que promete la dicha/ siempre en el futuro."

5. ¿Cuál es "el camino que nadie puede detener?"
6. ¿De qué trata el poema? ¿Cuál es el tono? ¿Corresponde este tono con el tema desarrollado o no? Explique.

País de las Maravillas

La noche oscura
tiene puertas soldadas[1]
y en tu mirada
una helada represa[2] --
cuando se agolpa el silencio
en la noche clara.

Tus ojos
dos lagos hondos
saciados.
Tu rostro
una rosa carnívora
que devora el aire.

Rielando en la noche oscura
la voz no se mueve más --
reina en silencio
Alicia
con el recuerdo apenas
de un cuerpo
que no conoce país.

1. soldar: to weld
2. dam

Preguntas de análisis y de discusión

1. Discuta la alusión literaria en el poema y su relación entre ésta y el contenido del poema.

2. ¿Qué figuras poéticas son "noche clara" y "Tus ojos dos lagos hondos"? Encuentre en el poema ejemplos de otros recursos poéticos.

3. Describa el ambiente o la atmósfera que crea el poema.

Rosario Castellanos

Breves notas biográficas

Nace en Ciudad de México el 25 de mayo de 1925; muere en Israel, donde se desempeñaba como embajadora, en 1974. Pasa su infancia en Comitán, estado de Chiapas, pueblo cuyos habitantes son mayoritariamente indígenas, donde, pese a formar parte de una familia acomodada, adquiere una clara conciencia de las injusticias sociales. Marca Comitán la obra de Castellanos de la misma forma en que Temuco, con su lluvia eterna, sus ríos salvajes, sus lagos que cada tanto se salen de madre para recordar al hombre su presencia, y su vegetación exuberante marcara la obra de Neruda. En ambos escritores se encuentra omnipresente la naturaleza del lugar donde vivieran y la denuncia de la situación social de la que fueran testigos. Es tal la presencia de Comitán que, Rosario Castellanos, nombra su primera obra con el nombre que le dieran los antiguos Mayas: *Balún-Canán,* que significa nueve estrellas.

Forma parte Castellanos de la que ha sido llamada generación del 50. Una de las más significativas escritoras latinoamericanas del siglo XX, dejó al desaparecer una variada obra habiendo incursionado en todos los géneros. En toda su obra encontramos presente su preocupación por la situación de los indígenas en su país, así como por la condición de la mujer en una marcada sociedad patriarcal en América Latina, temática tratada con humor, muchas veces mordaz, ya que en palabras de la autora "la risa es el primer testimonio de la libertad." La de Castellanos fue una voz contestataria y crítica que abrió camino no sólo a sus congéneres mexicanas sino a todas las mujeres latinoamericanas que buscan, a través de las letras, sembrar una semilla, dejar una huella. Ironías de la vida, sus restos reposan en la Rotonda de los hombres ilustres de la Ciudad de México.

Publicó:

Cuento: *Ciudad real* (1960) y *Los convidados de agosto* (1964), cuentos sobre la clase media de Chiapas, región a la que pertenecía su familia, que cierran la temática regionalista. *Album de familia* (1971) colección de cuentos, uno de los cuales, "Lección de cocina," señala las obligaciones impuestas a la mujer por la sexista sociedad mexicana: cocinar, callarse y obedecer a su marido.

Novela: *Balún-Canán* (1957); *Oficio de Tinieblas* (1962), basada en un hecho histórico, el levantamiento de los indios chamulas en San Cristóbal en 1865, levantamiento que terminó con la crucifixión de uno de ellos al que los amotinados habían proclamado el Cristo indígena. Ambas obras reflejan la preocupación de Rosario Castellanos por el mundo indígena. *De la vigilia estéril* (1950); *El rescate del mundo* (1952).

Poesía: *Trayectoria del polvo* (1948); *Poemas 1953-1955* (1957); *Al pie de la letra* (1959); *Poesía no eres tú* (1972), en cuyo título, con ironía, parafrasea el verso "poesía eres tú" de Gustavo Adolfo Bécquer.

Teatro: *El eterno femenino* (1975) que se publica un año tras su muerte. Obra de teatro farsesco, diálogo de la incomunicación en que la autora satiriza creencia y prejuicios y que, con la ironía que marcó sus últimas obras, sitúa Castellanos en un salón de belleza.

Ensayo: *Juicios sumarios* (1966), serie de ensayos que marcan su época feminista en la cual se rebela contra la condición de subordinación en la que se mantenía a la mujer en

América Latina al mismo tiempo que manifiesta su inquietud por el futuro de las escritoras; *La novela mexicana contemporánea y su valor testimonial* (1966); *La corrupción* (1970); *Mujer que sabe latín* (1973), colección de ensayos igualmente de corte feminista y cuyo título hace alusión al conocido dicho mexicano: "mujer que sabe latín, no tiene marido ni tiene buen fin."

Colecciones de artículos periodísticos: *El uso de la palabra* (1974); *El mar y sus pescaditos* (1975).

Premios: premio Chiapas por *Balún Canán* (1958); premio Xavier Villaurrutia por *Ciudad Real* (1961); premio Sor Juana Inés de la Cruz por *Oficio de Tinieblas* (1962); premio Carlos Trouyet de letras (1967); premio Elías Sourasky de letras (1972).

Introducción a la obra

Presentamos en esta sección dos poemas de la colección *Poesía no eres tú*: "Se habla de Gabriel" y "Kinsey Report No. 2" que reflejan uno de los temas dilectos de la escritora, la defensa de los derechos de la mujer.

En "Se habla de Gabriel" podemos apreciar la valentía y franqueza de Castellanos en presentar su muy particular concepción de la maternidad en una época en que poner bajo la lupa el rol de la mujer en nuestra sociedad era ofensivo.

El segundo poema, "Kinsey Report No. 2" es parte de una serie de poemas que hacen alusión a los célebres *Kinsey Reports*, controversiales libros sobre la conducta sexual del hombre, el primero, publicado en 1948 y sobre la conducta sexual de la mujer, el segundo, publicado en 1953.

Alfred Kinsey, considerado tanto el padre de la sexología como el agente detonador de la revolución sexual ocurrida en los años sesenta fue el primero en poner en tela de juicio las creencias convencionales sobre la sexualidad en el ser humano, tema que hasta ese entonces era tabú en la arena pública. Promovía Kinsey en sus trabajos la idea de que el retrasar la experiencia sexual en la vida podía causar daños psicológicos. Para recoger su data de estudio se valía primordialmente de entrevistas codificadas con el fin de mantener la confidencialidad de los entrevistados. En su poema, Castellanos nos deja escuchar y sentir al mismo tiempo que nos permite analizar la voz de una mujer que muy bien pudo haber sido uno de los sujetos de estudio entrevistados por Kinsey.

Se habla de Gabriel

Se habla de Gabriel
Como todos los huéspedes mi hijo me estorbaba[1]
ocupando un lugar que era mi lugar,
existiendo a deshora[2],
haciéndome partir en dos cada bocado[3].
Fea, enferma, aburrida.
lo sentía crecer a mis expensas,[4]
robarle su color a mi sangre, añadir
un peso y un volumen clandestinos
a mi modo de estar sobre la tierra.
Su cuerpo me pidió nacer, cederle el paso;
darle un sitio en el mundo,
la provisión de tiempo necesaria a su historia.
Consentí[5]. Y por la herida en que partió, por esa
hemorragia de su desprendimiento[6]
se fue también lo último que tuve
de soledad, de yo mirando tras de un vidrio.
Quedé abierta, ofrecida
a las visitaciones, al viento, a la presencia.

1. estorbar: to annoy, to bother
2. a deshora: at an inconvenient time

78

3. bocado: mouthful
4. a mis expensas: at my expense
5. consentir: permitir que algo suceda
6. desprendimiento: detachment

Preguntas de análisis y de discusión

1. Al leer el primer verso, ¿podemos decir que el yo poético es una mujer sociable? ¿Por qué sí o por qué no?
2. ¿Cuál es la actitud de la madre al comienzo del embarazo, de acuerdo al yo poético? ¿Por qué el bebé le "estorbaba?"
3. ¿Cómo se describe a sí mismo a medida que el embarazo avanza? ¿Corresponde esta descripción a la descripción típica de una mujer embarazada? ¿Piensa en el bebé con amor, con indiferencia, con rabia, con resentimiento, con arrepentimiento?
4. ¿Qué ironía con respecto al parto hay en los versos "su cuerpo me pidió nacer..." y "consentí..."?
5. ¿Qué sentidos, de los cinco, evocan las imágenes de la descripción que hace el yo poético del parto? ¿Qué sentimientos? ¿Es ésta una descripción real del parto?
6. Con el nacimiento del bebé, según el yo poético, la mujer pierde y gana. A su entender, ¿qué pierde? ¿Qué gana?
7. Compare la actitud hacia la vida del yo poético en el primer verso cuando dice "Como todos los huéspedes mi hijo me estorbaba" y en los dos últimos cuando dice "Quedé abierta, ofrecida/ a las visitaciones, al viento, a la presencia."

Kinsey Report No. 2

Soltera, sí. Pero no virgen. Tuve
un primo a los trece años.
Él de catorce y no sabíamos nada.
Me asusté[1] mucho. Fui con un doctor

que me dio algo y no hubo consecuencias.
Ahora soy mecanógrafa[2] y algunas veces salgo
a pasear con amigos.
Al cine y a cenar. Y terminamos
la noche en un motel. Mi mamá no se entera[3].
Al principio me daba vergüenza[4], me humillaba
que los hombres me vieran de ese modo
después. Que me negaran
el derecho a negarme[5] cuando no tenía ganas[6]
porque me habían fichado[7] como puta[8.]
Y ni siquiera cobro[9]. Y ni siquiera
puedo tener caprichos[10] en la cama.
Son todos unos tales[11]. ¿Qué por qué lo hago?
Porque me siento sola. O me fastidio[12].
Porque ¿no lo ve usted? Estoy envejeciendo[13].
Ya perdí la esperanza[14] de casarme
y prefiero una que otra cicatriz[15]
a tener la memoria como un cofre vacío[16].

1. asustarse: to get scared
2. typist
3. enterarse: to find out
4. darle a uno vergüenza: to be ashamed or embarrassed
5. negarle a alguien el derecho a negarse: to deny someone the
right to say no.
6. tener ganas: to feel like
7. fichar a alguien: to file someone's personal particulars
8. prostitute
9. cobrar: to charge
10. whims
11. nobodies
12. fastidiarse: to get bored
13. envejecer: to get old
14. hope
15. scar
16. cofre vacío: empty chest

Preguntas de análisis y de discusión

1. Describa el carácter del yo poético a partir de sus respuestas al informe de Kinsey. ¿Se limita ella a contestar las preguntas escuetamente o añade detalles a sus respuestas?

2. ¿Qué implicaciones culturales, si alguna, tienen en el primer verso las palabras "soltera, pero no virgen?"

3. ¿Cómo fue la primera experiencia sexual del yo poético? ¿Cómo se sintió? ¿Determinó esa experiencia su futura vida sexual? ¿Cree usted que ésta representa una experiencia común a muchas mujeres, o a mujeres de una determinada clase social? ¿Es ésta una situación común también a los muchachos?

4. ¿Cuál es el subtexto de las palabras "mi mamá no se entera?"

5. Según el poema, ¿cuál es la actitud de los hombres con respecto a la mujer que acepta salir con ellos y tener relaciones sexuales sin ningún compromiso? ¿Qué le molesta al yo poético (la narradora) de esta situación? ¿Por qué lo sigue haciendo?

6. Explique los versos "y prefiero una que otra cicatriz/ a tener la memoria como un cofre vacío."

7. Usando ejemplos del poema explique si el tono del mismo es pesimista u optimista.

8. ¿Cómo podemos describir la vida sentimental de esta mujer? ¿Cómo compara su vida con las expectativas sociales?

9. Busque en el poema ejemplos de igualdad entre el hombre y la mujer y compárelos o contrástelos. ¿Podemos decir que existe en la sociedad hispana un doble estándar de conducta moral?

10. Apoyándose en la estructura y contenido del poema comente en qué sentido el mismo podría ser considerado representativo de las entrevistas que hacía Alfred Kinsey a sus sujetos de estudio.

Mayrim Cruz-Bernal

Breves notas biográficas

Puertorriqueña, poeta, nacida en Mayagüez en octubre de 1963. Posee un Bachillerato en Artes de la Universidad de Loyola en Nueva Orleáns, USA y una maestría en escritura creativa de Vermont College, Universidad de Norwich.

De su infancia y juventud rememora con un dejo de amargura la poeta: "De mi infancia no guardo buenos recuerdos. Difícil, definiría más bien esa época de mi vida. En medio de problemas de mis padres, me refugiaba en la lectura de la Biblia, de los libros de Gibran. De noche, muy tarde, encendía una pequeña lámpara en mi cuarto, y casi a oscuras, leía hasta altas horas de la madrugada. Me llamaban *la niña que no habla*. Así que inventaba largas conversaciones con mis muñecas, hice de mi mundo interno todo mi mundo" (Gac-Artigas, Entrevista inédita, 2004).

Cruz-Bernal reside actualmente en Puerto Rico y tiene un hijo, Victorino, y una hija, Mariana Emilia. Ha participado en lecturas poéticas y conferencias en universidades de Estados Unidos, Perú, Chile, Uruguay, Argentina Cuba y otros países de Sur América. En el año 1997 es distinguida junto a otras poetas con un recital en la Biblioteca del Congreso en Washington, DC, Estados Unidos.

Desde 1994 es directora del grupo literario Puertas que se define como "un movimiento artístico-literario que promueve un renacimiento poético de fin de siglo."

"El lenguaje de Mayrim Cruz-Bernal es concreto, como un beso prohibido recién robado; a veces antilírico, desplazándose distante del referente y aún de la metáfora alada... No sabemos qué profundidad tendrá su pozo, pero aseguramos que tiene excelente sonoridad lo que hace que la reconozcamos, sin duda alguna, como una de las voces más expectantes y logradas contemporáneas de Puerto Rico." (José Guillermo Vargas R., Presidente de la Casa del Poeta Peruano, 1999).

Ha publicado:
Poemas para no morir (1995); *On Her Face the Light of the Moon* (1997); *Cuando él es adiós* (1997); *Ojo de loba* (1997); *Soy dos mujeres en silencio que te miran* (1998); *Encajes negros* (1999); *Alas de islas* (2004).

Introducción a la obra

El primer poema pertenece a la colección *Encajes negros* y como negro encaje va dejando caer sobre el lector el oscuro manto de las catástrofes que arropan el planeta pasando de lo general que afecta a todos a lo específico que toca a un individuo en su particularidad. Y por entre los huecos de ese encaje surge la respuesta que todo lo cura, que todo lo puede. Basta tener los ojos bien abiertos a nosotros y hacia el mundo.

"Pequeña mujer," por su parte, es un poema cargado a la vez de ternura, sensualidad y erotismo; un canto maternal a la maravilla de ser mujer.

Como el título de su poemario *Alas de islas*, a la niña tímida y retraída y "muda" le nacieron alas liberadoras de las que se han ido desparramado los más bellos, exultantes y profundos sentimientos en sus versos.

Ojos bien abiertos

Por qué te asustas

Nos asustan las guerras
las masacres
Nos asusta una muerte
la enfermedad de un hijo
el terremoto en tu país

Pero el amor

Cómo puede asustarte el amor

Preguntas de análisis y de discusión

1. ¿A quién le habla el yo poético? Explique.
2. ¿Qué cosas, según el yo poético, asustan usualmente a los humanos? ¿Qué cosas normalmente no deben asustarnos? ¿Por qué?
3. ¿Qué efecto quiere lograr la poeta al no encerrar las preguntas en signos de interrogación?

Pequeña mujer

A Mariana Emilia

Los vientos soplan sus cabellos largos
se mecen en el sillón señorial
tiene cuatro años y toma café con leche
para parecerse a mí.

Estira su pie descalzo
para sentir el mantel sobre la mesa
pone sus piernas sobre los dos brazos de la mecedora

se abre
de par en par
el viento sopla entre ellas
cierra los ojos
y se deleita en su sensualidad temprana
Tan mujer
mi hija y tan pequeña

A veces me acuesto hasta verla dormirse
ella entra su manita
por debajo de la falda
y en su rostro florecen rosas vivas
que poco a poco se cierran con el sueño

Mi hija, tan pequeña
y tan mujer
piensa que se parece a mí
buscándose en la piel.

Preguntas de análisis y de discusión

1. ¿Es éste un poema dialogado o narrativo?
2. ¿Qué sensación se siente al leer el poema?
3. ¿Por qué toma la niña café con leche? ¿Qué nos indica eso de la conducta de los niños?
4. Explique el título del poema.
5. Encuentre en el poema los elementos de que se sirve la poeta para crear un ambiente de inocente sensualidad en el poema.

Laura Hernández

Breves notas biográficas

Escritora mexicana nacida en Jalisco. Diplomada en historia de la Escuela Normal Superior Nueva Galicia y licenciada en historia por la Universidad de Guadalajara, Laura Hernández fue becada por la Universidad Complutense de Madrid para realizar un doctorado en teorías económicas de la historia. Mujer versátil, Hernández se desempeña además como periodista y presentadora de televisión y radio.

Su labor literaria la ha llevado a presentar sus trabajos tanto críticos como creativos a conferencias internacionales en México, Argentina, Estados Unidos, Canadá y Puerto Rico. Su obra ha sido incluida en revistas y antologías tanto en su país de origen como en los Estados Unidos y diversos países de Sur América.

Ha publicado:

Poesía: *Entre nosotras* (1992); *Navegantes y sirenas. com* (2001); *Fénix* (2002).

Crítica: *Escribir a oscuras: el erotismo en la literatura femenina latinoamericana* (2000).

Teatro: *Levitación* (1975).

Audio libros: *Quiero platicar contigo* (1994).
Premios: Miguel Marón de teatro (1975) por la obra *Levitación*.

Introducción a la obra

"Es la poesía de *Fénix* una poesía fuertemente unida a la vida en la dimensión del amor. Impregnado de una voluntad de sobrevivir, como el ave fénix –exquisito, único en su especie- que renace de las cenizas de una pira aromática, de un fuego como emblema de la inmortalidad..." (Olga Bressano de Alonso).

Los poemas escogidos para representar la obra de Laura Hernández provienen todos del poemario *Fénix*. Cual proverbios chinos están inmersos en la más cotidiana realidad e intentan darnos una lección de vida en pocas pero profundas y filosóficas palabras. Los poemas de *Félix* nos hacen pasar por una policromática gama de sensaciones que nos remiten en primera y última instancia al sentimiento mayor, el amor.

Ducha

El espejo nos miró
tras el vapor
que lo cegaba
dos cabezas
en un cuerpo
cuatro brazos
toalla intrusa
separando.

Con el dedo
le pintaste
tu sonrisa   tu sonrisa
enamorada.

Preguntas de análisis y de discusión

1. ¿Qué personajes hay en el poema?
2. ¿Quién es el yo poético?
3. ¿Qué tipo de poema es: narrativo, monologado, a-postrófico, dialogado?
4. ¿Qué imagen poética encontramos en el primer verso y qué importancia tiene?

Cotidianidad

Amaneció tarde
frente al espejo
con tu pijama grande
pelo revuelto y ojeras.
Tus párpados encortinados
se resisten a develar los ojos
te lavas los dientes y bañas
te doy un beso
tu sonrisa
disfrazada por la espuma
me dice
te quiero.

Preguntas de análisis y de discusión

1. Describa la escena pintada en el poema.
2. Explique el título.
3. Comente los versos 5 y 6.

Arguciaa[1]

Busco donde sé
que no estás
para tener
el pretexto
de
no encontrarte.

1. cunning argument

Preguntas de análisis y de discusión

1. Explique la "argucia" descrita en el poema.

E-Mail

Me escribiste una carta.
La leí con los ojos
de la piel...
octubre
se viste de rojo para unir
distancias.
Miro
la pantalla
esperando
tu mensaje...
el buzón
está vacío
el otoño
se filtra.
Pienso
quizás
mañana...

Preguntas de análisis y de discusión

1. ¿Qué sentimiento domina en el poema: amor, esperanza, pasión, desolación?
2. ¿Cuál es el tono del mismo?

Liberación

Mis pechos
son palomas
al contacto de tus manos.
Mi cuerpo engendra alas
al fundirse con el tuyo.

Abriste
la ventana de tus brazos

volé.

Preguntas de análisis y de discusión

1. ¿Qué figura poética es "mis pechos son palomas?"
2. Describa cómo se produce la liberación de la que habla el yo poético.

Traducción

Las caricias tienen su propio idioma
no intentemos traducirlas
jugando a ser dioses
del lenguaje
inventando versos que nada dicen

Las huellas repetidas
con el tiempo se desgastan.

No traduzcamos
su idioma.

Debemos aprenderlo
en cuerpo ajeno.

Preguntas de análisis y de discusión

1. ¿De qué tipo de lenguaje habla el yo poético?
2. Comente las dos últimas estrofas. ¿Qué idea quiere el yo poético transmitirnos en las mismas?
3. ¿Qué elementos caracterizan los poemas de Laura Hernández en términos de la estructura, de los temas, de las imágenes poéticas?

Gladys Ilarregui

Breves notas biográficas

Nace en Argentina, pero actualmente reside en los Estados Unidos desde 1983. Escribe poesía, cuento y ensayo desde muy temprana edad. Sus trabajos han sido publicados en Argentina, México, Francia, Portugal y Estados Unidos. Enseña en la Universidad de Delaware.

Al parecer la vena poética le viene por el lado de su abuelo paterno, poeta frustrado quien murió cuando Ilarregui era aún una niña. También ejerció gran influencia en ella su madre, quien veía en esta hija la realización de su propia vida frustrada dedicada exclusivamente a la familia, en especial a esta hija, su primogénita quien de pequeña padecía una deficiencia renal.

Ha publicado: *Indian Journeys* (1993); *Oficios y personas* (1994); *Guía para perplejos* (1996); *Poemas a Medianoche* (1999); *Como una viajera y sus postales* (*Like a Traveller and Her Postcards*) (1999).

Premios: Federico García Lorca por *Oficios y personas*; Premio Plural de Poesía por *Indian Journey*, poemario que celebra las culturas indígenas (México, 1993); Jorge Luis Borges, premio literario auspiciado por la Editorial EMECE (Argentina, 1999) por su colección *Poemas a Medianoche*.

Introducción a la obra

Los poemas incluidos en esta antología fueron tomados de dos de los poemarios de la autora: *Guía para perplejos* e *Indian Journeys*. En su introducción a una edición conjunta de *Oficios y personas* y *Guía* declara la autora: "A cierta edad una mujer se levanta y se conoce a sí misma. Sabe, por ejemplo, cuáles son las cosas que jamás haría, y cuáles son las obsesiones, los sueños, desde los cuales intenta interpretar el mundo. Hoy me encuentro en esta fase de mi vida. Repasando años de escritura silenciosa, me doy cuenta que sería falsificarme si ignorara los proyectos que realmente me interesan: el proyecto de escribir, el proyecto de crecer con una lengua, y dentro de ese lenguaje hacer vibrar mi tiempo".

Guía para perplejos es el título con que se publicó un libro de filosofía en el siglo XII. El poemario está dividido en varias secciones, la segunda de las cuales es "A la manera de Frida Kahlo" que contiene cuatro poemas: "La edad de las muñecas," "Ahí cuelga mi vestido," "Retrato con mariposas" y "A veces yo perdía los anteojos." Están estos poemas cargados de fuertes imágenes visuales y olfativas, del doloroso recuerdo de una infancia que no fue vivida a plenitud sino observada desde la ventana, donde su vestido cuelga inmóvil, donde los camisones no tienen florcitas, donde las rondas de niños no son sino una añoranza. A propósito del poemario nos dice la autora: "Con la fuerza en estos versos identifico mi recorrido con el de otras mujeres, sujetas con una historicidad cotidiana, familiar, histórica, que buscan dentro de sus recursos expresivos, subjetivos, únicos, expresarse y hacer un pequeño espacio para sí mismas y para otros en el mundo." A la manera de Frida, Gladys Ilarregui logra partir de su experiencia para dibujar poemas en los que muchas mujeres se encuentran.

Indian Journeys es un poemario bilingüe donde la autora se reencuentra con sus raíces indígenas latinoamericanas. Durante ese viaje de reencuentro "pienso en sueños soñados por otras mujeres, niñas mirándose desde los espejos de agua..." El pasado y presente singular de la poeta se busca y se encuentra en el pasaje de otras niñas y mujeres a través de la historia.

La edad de las muñecas

Yo nunca pinto sueños.
Yo pinto mi propia realidad
Frida Kahlo

hay muñecas tendidas en el patio con ojos fijos
como si estuvieran hablando con una nube azul negra
como si estuvieran esperando-desesperanzadas un flash de
sol
sobre la cara-mía/de ellas - un hilo de luz que filtrándose
en la casa abriera las ventanas -no al otoño- sino al dolor
con riñones[1] a cuestas.

a esos charcos[2] de sangre que cuidadosamente se embotellan
y van por los pasillos con mis brotes[3], mis sueños, mis
banderas
ahí voy yo prendida a oscuras, mis abecedarios,

mi parálisis frente a la vida intensa desde donde otras
niñas pueden jugar a las muñecas, ahí voy yo y nadie lo
sabe
murmurando entre paredes blancas mis hazañas[4] de libros

ilustrados
una literatura mojada de colores que no existen

porque todo es rojo ahora, rojos los dedos pinchados[5] que
al moverse causan dolor, rojos los brazos desparramados
que miran fijamente el techo, manos que no mueven muñecas
rosas que no se escuchan. Juegos abandonados en el patio.
sangre negra

(de: *Guía para perplejos*:
a la manera de Frida Kahlo)

1. kidneys
2. puddles
3. rashes
4. exploit
5. participio pasado de pinchar: to prick

Preguntas de análisis y de discusión

1. ¿Qué edad y sexo tiene el yo poético?
2. En la primera estrofa el yo poético describe a las muñecas en el patio ¿Qué paralelo establece entre éstas y sí mismo?
3. ¿Qué quiere decir la poeta con el verso que la casa "abriera las ventanas -no al otoño- sino al dolor con riñones a cuestas?" ¿Cuál es su deseo?
4. Si tuviéramos que escoger un color para ilustrar el poema, ¿qué color sería?
5. Explique el epígrafe que escogió la poeta para este poemario (las palabras de la pintora mexicana Frida Kahlo) con relación a los dos poemas "La edad de las muñecas" y "A veces yo perdía los anteojos."

A veces yo perdía los anteojos

y se me perdía el mundo o daba vueltas la página
y una lágrima me ablandaba la silla o solamente
estaba en medio de una habitación inmaculada
mientras mis riñones soltaban charcos de sangre
y la infancia se hundía con camisones sin florcitas
y pies rosados, y afuera, en la ventana la plaza
aparecía repleta de palomas

yo hubiera olvidado el abecedario por una corona
de manos, por niños haciendo una ronda hasta que
el sol caía, no como una transfusión sino como un
sol cansado, hasta que las mamás volvían con sus
"se acabó el juego" y el juego terminaba inocente
sin muñecas rotas, sin piezas de mecano que se ausentan
con un: "hasta mañana"...

(de: *Guía para perplejos*:
a la manera de Frida Kahlo)

Preguntas de análisis y de discusión

1. ¿Qué le sucedía a la niña cuando perdía sus anteojos? ¿Por qué?
2. Explique el verso número 5.
3. ¿Cómo es la niña? ¿Es una niña normal, saludable, enferma? Dé ejemplos del poema.
4. ¿Cómo compara la niña su vida con respecto a la vida de otros niños de su edad?
5. ¿Cuál de las vidas prefiere ella?

Los antepasados (el principio de un viaje)

como un baúl de espejos de caras fracturadas
aparezco buscando mis caras anteriores, y en la montaña
de miradas, de un espejo a otro, saco la cara de la niña
que mira pasar la lluvia

entre tantos espejos está también mi cara con dolor,
con ojos largos, mi cara adolescente, mi primera arruga
caras de mis caras en estos espejos, en el ático
donde otros guardan muñecas yo guardo gestos

una luz de atardecer se filtra por la casa mágicamente
una luz que al tocar las cortinas las pone pálidas

de rodillas busco mis otras caras, mis pertenencias:
sonrisas, lágrimas, astucias inocentes, es que llega
una edad donde la literatura

es un deconstruirse y encontrarse uno mismo:
los verbos sueltos, el pelo suelto, los lazos, las hebillas
desde una persona potencial a una privada
haciendo versos: buscando mis caras.

(de: *Indian Journey*)

Preguntas de análisis y de discusión

1. En la primera estrofa la poeta nos habla de una niña. ¿Es ésta la misma niña descrita en los poemas anteriores? Base su respuesta en el poema.
2. A la luz de lo que usted conoce sobre la poeta explique el verso "donde otros guardan muñecas yo

guardo gestos."

3. Explique el paralelo que hace la poeta entre la literatura y la persona. ¿Qué técnica utiliza para lograr esta identificación?

Nancy Morejón

Breves notas biográficas

Poeta habanera, cubana por excelencia, nacida en agosto de 1944, Nancy Morejón es considerada la poeta de Cuba y su cultura. Diplomada en lengua y literatura francesa por la Universidad de La Habana, Morejón es también traductora al español de la poesía de Paul Eluard, Jacques Roumain y Aimé Césaire. Estimulada por una de sus maestras, Nancy se hace devota de la poesía desde muy temprana edad publicando su primer poemario *Mutismos* a la edad de dieciocho años.

Es con su tercer poemario, *Richard trajo su flauta* que su poesía comienza a ser reconocida por los círculos intelectuales cubanos por lo depurado de sus versos. Su colección *Parajes de una época* da paso a una nueva línea temática en su poesía: el tema de la negritud y el compromiso social del escritor, temas que se expanden en *Octubre imprescindible* donde lo íntimo y lo social convergen en cortante profusión de imágenes.

Su compromiso social con los pueblos del mundo se hace patente en dos de sus poemarios: *Cuaderno de Granada,* en donde Nancy le canta a la resistencia de los pueblos al mismo tiempo que denuncia con la fuerza huracanada de su voz lírica la intervención americana en la isla de Granada y *Baladas para un sueño* en que denuncia y condena las injusticias del apartheid en Sudáfrica soñando un futuro de esperanza para este país hermano.

Ha publicado: *Mutismos* (1962); *Amor, ciudad atribuida* (1963); *Richard trajo su flauta* (1967); *Parajes de una época* (1979); *Octubre imprescindible* (1983); *Cuaderno de Granada* (1984); *Piedra pulida* (1986); *Baladas para un sueño* (1990); *Poemas de amor y muerte* (1993); *El río de Martín Pérez* (1996).

Introducción a la obra

Descendiente de africanos criada bajo los nuevos valores de la Cuba revolucionaria la poesía de Nancy se hace eco de los cambios sociales que van ocurriendo en su patria. Su poesía se ve influenciada por la corriente literaria de la negritud entre quienes se encuentra uno de sus maestros, el también cubano Nicolás Guillén; una poesía de búsqueda de identidad, de raíces, de reivindicación los roles de la mujer y la poeta dentro de una nueva sociedad. Sus temas abarcan la vida cotidiana, el amor, el erotismo, los obreros, la mujer, la historia de Cuba y de la población afro-cubana, la solidaridad con los pueblos. "Mujer negra" es una lección de historia, la escrita, y la no dicha, aquella que nos ha llegado a través de memorias ancestrales en las voces de una y todas ellas mientras pasaban de la libertad que les fuera arrancada a la esclavitud que les fuera impuesta y a la nueva libertad por ellas conquistada.

Mujer negra

Todavía huelo la espuma del mar que me hicieron atravesar.
La noche, no puedo recordarla.
Ni el mismo océano podría recordarla.
Pero no olvido al primer alcatraz que divisé.
Altas, las nubes, como inocentes testigos presenciales.
Acaso no he olvidado ni mi costa perdida, ni mi lengua ancestral.
Me dejaron aquí y aquí he vivido.
Y porque trabajé como una bestia,
Aquí volví a nacer.
A cuánta epopeya mandinga intenté recurrir,

Me rebelé

Bordé la casaca de Su Merced y un hijo macho le parí.
Mi hijo no tuvo nombre.
Y Su Merced murió a manos de un impecable *Lord* inglés.

Anduve.
Esta es la tierra donde padecí bocabajos y azotes.
Bogué a lo largo de todos sus ríos.
Bajo su sol sembré, recolecté y las cosechas no comí.
Por casa tuve un barracón.
Yo misma traje piedras para edificarlo,
Pero canté al natural compás de los pájaros nacionales.

Me sublevé.

En esta misma tierra toqué la sangre húmeda
y los huesos podridos de muchos otros,
traídos a ella, o no, igual que yo.
Ya nunca imaginé el camino a Guinea.
¿Era Guinea? ¿A Benín? ¿Era a

Madagascar? ¿O a Cabo Verde?
Trabajé muchos más.

Fundé mi canto milenario y mi esperanza.
Aquí construí mi mundo.

Me fui al monte.

Mi real independencia fue el palenque
y cabalgué entre las tropas de Maceo.
Sólo un siglo más tarde,
junto a mis descendientes,
desde un azul montaña,

bajé de la Sierra

para acabar con capitales y usureros,
con generales y burgueses.
Ahora soy: sólo hoy tenemos y creamos.
Nada nos es ajeno.
Nuestra la tierra.
Nuestros el mar y el cielo.
Nuestras la magia y la quimera.
Iguales míos, aquí los veo bailar
alrededor del árbol que plantamos para el comunismo.
Su pródiga madera ya resuena.

Preguntas de análisis y de discusión

1. ¿Qué tipo de poema es: narrativo, dialogado, epistolar, etc.?
2. ¿Quién es el yo poético? ¿Por qué no olvida al alcatraz?
3. ¿Qué significa dentro del poema cuando el yo poético dice: el "mar que me hicieron atravesar" y "Me dejaron aquí?"

4. ¿Qué cosas la unen todavía a su país de origen?

5. ¿Qué nos dicen de la personalidad del yo poético los versos "Me rebelé"/ "Me sublevé"/ "Me fui al monte?" ¿Qué efecto tiene la intercalación de esos versos cortos en el poema?

6. Explique la doble relación de la mujer con el noble español.

7. ¿Qué nos describe la estrofa que comienza con el verso "Esta es la tierra donde...?"

8. ¿Qué cambio se produce en el yo poético con respecto a su país natal en la siguiente estrofa? (estrofa que comienza: "En esta misma tierra...").

9. ¿La mujer del poema es una sola o muchas mujeres? Explique utilizando versos del poema.

10. El poema puede ser dividido en tres secciones que marcan tres etapas. ¿Cuáles? ¿Podríamos decir que es éste un poema que resume eventos históricos? Explique.

11. ¿En qué notamos el paso de "africana" a "cubana" en la mujer? ¿Ha cambiado su situación dentro de la sociedad?

Y*lonka* N*acidit-*P*erdomo*

Breves notas biográficas

Poeta e investigadora dominicana nacida en 1967 inicia su labor literaria en los años ochenta en su país de origen donde se da a conocer a través de un recital poético, "Al iniciar la primavera" el que abre las puertas a toda una generación de mujeres poetas. En esa época era miembro del taller literario César Vallejo del cual fue coordinadora. Hoy en día es considerada una de las voces poéticas más destacadas de la literatura contemporánea dominicana. Muchos de sus poemas han sido incluidos en antologías poéticas en los Estados Unidos, Canadá y Puerto Rico.

Ha publicado:

Poesía: *Al iniciar la primavera* (1987); *Contacto de una mirada* (1989), *Arrebatos* (1993), *Luna barroca* (1996), *Papeles de la noche* (1998), *Octubre* (1998), *Triángulo en trébol* (1999) y *Hacia el sur* (2001).

Premios: *Diploma de Honor* de la Municipalidad de Santa Cruz, Chile (1991) en reconocimiento a su trayectoria en las letras iberoamericanas; *Medalla al Mérito* del Instituto Cultural "Rubén Darío", Chile (1992); Premio "Alfonsina Storni" de la Embajada Argentina y la Fundación de Mujeres Latinoamericanas, SD (1992); y Premio "Best Editor Essay 1998" de la International Writers and Artists Association por su libro *Altagracia Saviñón o la discontinuidad del instan-*

te, Ohio (1998); dos de sus poemas fueron seleccionados para la Antología del Primer concurso de poesía organizado por Ediciones Nuevo Espacio, NJ (2003).

Introducción a la obra

Los poemas a continuación pertenecen a dos diferentes poemarios de Nacidit-Perdomo; "todo vuelve al reinicio" es de su colección *Luna barroca*; "Tendrá el amor desmayos. Novedades en la rutina?" y "La noche está entristecida. triste de tristeza pálida" pertenecen a *Papeles de la noche.* La ciudad, los astros, los elementos adquieren vida y personalidad propia en la poesía de Nacidit-Perdomo logrando crear una convincente fusión de lo abstracto con lo concreto de las circunstancias de la vida. En el primer poema se instala la rutina de la cotidianidad, la circularidad de las situaciones en la vida del ser humano. En el segundo, el amor sale al rescate para vencer la monotonía y la repetición de la vida. En el tercero la nostalgia se hace presente, la tristeza se riega, el amor se desborda naufragando en los espejos de la luna.

todo vuelve al reinicio

[Mañanas. Mediodía. Tardes. Despertar. in-
   termitentes cartas, bastones de espumas
   con edificios de telas].
19:00 horas. todo vuelve al reinicio. la
ciudad. los nudos de la noche. las fechas
diferentes. los hongos. las algas. los libros abiertos en contrapunto. con diálo-
gos sordos y películas viejas.
todo vuelve al reinicio. la invitación de
amar. las ceremonias de adiós. las rodillas a rayas. los viernes. sin tocarlo. sin
balancearme. todo al pie de la letra.
todo vuelve al reinicio. mi entonces y mi

después. las curvas del día. los relámpa-
gos de casa. la lluvia helada. las palomas.
los pañuelos. aburrirse. mis años.
sólo recuerdos. torres de seda. disimular. oír ventanas. oír silencios.

Preguntas de análisis y de discusión

1. Discuta el efecto que producen las múltiples enumeraciones y la repetición en el poema.
2. Estudie cuidadosamente verso a verso cómo se va cons-
truyendo el poema. Determine de qué se sirve la poeta para establecer la rutina en la vida del ser humano: acciones,
sucesos, paso del tiempo, elementos externos, etc.

> # *Tendrá el amor*
> # *desmayos. novedades*
> # *en la rutina?*

El amor es una utopía que flota. un encuentro al llegar la tarde. inmóvil sensación. curiosidad. silencio ante
cualquier puerta. un asunto de momentos como una llave maestra.

Preguntas de análisis y de discusión

1. ¿Cómo describe la poeta el amor?

la noche está entristecida. triste de tristeza pálida

(La noche está entristecida. triste de tristeza pálida
que traen las postales del fondo del mar.)
conmigo va una tormenta de sorpresa.
raudales inmensos en los bordes de tu boca. una alta
sonrisa girando hacia fuera. a ritmo lento entre las
olas donde navegan las barcas. el aura evanescente
tendida en la nostalgia. en la oscilación que llega
con la oculta claridad.
inmóvil es mi despalazamiento en el silencio de mi
lecho. desgajada. ardua en el agotamiento. en el
clamor de despertar náufraga. tocando el vértice inesperado. la espesura frágil y fugitiva del vuelo azul
(azul en el éxtasis del instante) el roce de los muros.
el ahora sin pausa. sin huidas.

Preguntas de análisis y de discusión

1. ¿Cómo se llama el recurso poético que encontramos en el título del poema ? ¿Qué efecto tiene en
el tono?
2. Comente el rol de la noche y del mar en el poema.
3. ¿Por qué está triste la noche ?
4. La poeta nos cuenta una experiencia muy personal e ín-
tima en el poema. Basándose en el mismo trate de imaginar de qué nos habla el yo poético.
5. Comente la escritura poética de Nacidit-Perdomo con
respecto al respeto de las reglas de ortografía del español
tradicional.

Nela Rio

Breves notas biográficas

Nace en Córdoba, Argentina y se cría en Mendoza. Actualmente reside en Canadá donde tomó la ciudadanía en 1977. Es profesora de literatura hispanoamericana y su investigación académica se orienta principalmente a la literatura testimonial y a la poesía erótica. Sus poemas y cuentos han sido publicados en antologías y revistas literarias en España, Argentina, Chile, Puerto Rico, Canadá y los Estados Unidos.

Su obra abarca varios temas: la represión política y la violencia contra la mujer, la enfermedad y el envejecimiento, el amor y la sexualidad, el uso de mitos tradicionales y la creación de nuevos mitos. Pese a la violencia de los temas tratados en su poesía aparece en ella la ternura, el amor y la solidaridad; sus poemas son un canto a la vida en un tono definitivamente celebratorio.

Su libro *Aquella luz, la que estremece*, nos descubre la pasión de amar, palabra enraizada en la magia del *Cantar de los cantares*, hasta llegar a una viva presencia actual. Estremecimiento, temblor, sacudida nerviosa, escalofrío; palabras que nos definen lo que estos poemas producen en el lector.

Ha publicado:

Poesía: *En las noches que desvisten otras noches* (1989); *Aquella luz, la que estremece* (1992); *Túnel de proa verde* (1998),

111

Cuerpo amado/Beloved Body. Trad. Hugh Hazelton. Prólogo de Gladys Ilarregui (2002); *Noches* (2003). *Sustaining the Gaze: When Images Tremble/Sosteniendo la mirada: cuando las imágenes tiemblan/Soutenant le regard: quand les images tremblent*. Poemas de Nela Rio, fotos de Brian Atkinson. Edición trilingüe, trad. Elizabeth G. Miller al inglés, Jill Valéry al francés (2003); *The Space of Light/El Espacio de la luz*, Selección de poesía y cuentos. Trad. Elizabeth Gamble Miller. Prólogo de Elizabeth Gamble Miller (2003). *During Nights that Undress Other Nights/En las noches que desvisten otras noches*. Trad. Elizabeth Gamble Miller. Ensayo de Elizabeth Gamble Miller (2003).

Relatos: *Carlota todavía* (1991).

Premios: Narrativa: finalista de los concursos Ana María Matute (1990); Lena (1989); La Felguera (1990 y 1991). Poesía: José Luis Gallego (1987) por *Aquella luz, la que* estremece; finalista en el VIII Premio Carmen Conde de Poesía de Mujeres (1991).

Introducción a la obra

El primer poema, "XXIII", pertenece a la colección *En las noches que desvisten otras noches*, homenaje a la mujer latinoamericana y a su activo rol político en la lucha contra los gobiernos dictatoriales que imperaron en Centro y Sur América en las últimas décadas del siglo XX, participación que no se vio libre de la represión que acompañó a todo aquel que se atrevió a levantar la voz. En el poema *XXIII*, penúltimo de la colección, podemos ver la diversidad de espacios en que la voz de la mujer se hizo patente para denunciar la barbarie.

Sin embargo, al final del poema nos sacude la poeta con una injusticia que queda pendiente por superar al caer las dictaduras, al liberarse los pueblos del yugo opresor de los tiranos: el problema de igualdad de género con respecto a los hombres. A pesar de haber demostrado su valor y valentía, incluso en las situaciones extremas como lo fue el atreverse a gritar la injusticia sin temor a padecer las horribles consecuencias del acto, en muchos casos la mujer sigue siendo excluida de la celebración a la vida, relegada a un segundo plano. Esta sutil reflexión de Nela Rio sobre el machismo encadena con una situación similar que confrontó en otro lugar del mundo y que la llevó a escribir su segundo poemario, *Túnel de proa verde*: un congreso sobre escritores y derechos humanos en el que en el podium habían instalado ocho sillas cada una con un nombre de algún escritor prisionero de conciencia en países dictatoriales y en el que faltaba una silla con un nombre de mujer; silla ausente, mujer ignorada, cuerpo ignorado en el forum, cuerpo dolorosamente presente en la represión. Ellas: Josefa Manuela, Elsi, Isabel, María, Fátima, Paulina, Nenina, Silvina, Clarita, Alba, Mariana, Norma Lia, María Eugenia, Albertina, Julia, María José a quienes están dedicados los poemas de *En las noches...* representan a las otras "ellas" del mundo, a todas aquellas mujeres víctimas de la represión cuyas voces, vidas, historias quisieron ser silenciadas, cuya actividad tuvieron ellas que encerrar en el silencio para poder sobrevivir a la bestialidad de estos regímenes.

En su primer poemario, Nela Rio les rinde homenaje. En *Túnel de proa verde* urge al mundo a reconocerlas para que nadie jamás se atreva a olvidarlas. Nos dice la autora sobre la concepción de *Túnel*: "es un compromiso con lo que sé y que no puedo desconocer. La protagonista representa a muchas que he conocido y a muchas a quienes nunca he visto. Entrar dentro de su imaginación poética ha sido una experiencia agónica y, a la vez, revitalizadora. Aprendí de ella que el silencio también se rompe con poemas" (*Túnel de proa verde*).

El poema "Camino a la vida" pertenece al poemario *Cuerpo amado*, y junto a "La vida tiene alas" conforma el epílogo de la colección. La autora dedica esta obra a "María Germania y a todas las otras que me enriquecieron dándome parte de su historia." Nuevamente voces de mujer se hacen presentes. Nuevamente un hecho desgarrador del que ellas no tienen control mutila sus cuerpos: el cáncer del pecho. Nuevamente la mujer se alza sobre el dolor como el arco iris sobre un cielo llorosamente nublado y se reinventa a través de la palabra.

Dice la poeta Gladys Ilarregui en su introducción al poemario: "Al hacer que el lenguaje rompa con sus acuerdos más obvios, la mujer que aparece en el curso del amor, la enfermedad y el reencuentro ejerce un magnetismo especial: el de ser ella misma, abriéndose a la expectativa y al miedo, la fuerza inmediata de la mano que acaricia, y el dolor de un espejo."

XXIII

A María José, con respeto

y grito
grito en las calles
de este país que hoy empieza a existir
que yo también combatí con mis manos mis libros mis
ideas

abro las puertas de los edificios blancos o quemados, de las oficinas,
escritorios, cajones, ficheros, computadoras, estadísticas, números, basureros
y grito
que yo también luché desde la clase la cocina la oficina la calle
entro en las salas de primeros auxilios, en las clínicas privadas, en los hospitales, en los pabellones, en los laboratorios, en las morgues, en las fosas comunes
y grito
que yo también me enfermé sufrí morí lloré con el olor de los muertos

golpeo las paredes en los gremios, en las universidades, en
las escuelas, en las instituciones, en los ministerios, en las
comisiones especializadas,
y grito
que yo también sufrí la persecución el encarcelamiento la
encajonada
interpelo la prensa, la radio, la televisión, los informes, los
decretos,
los estudios críticos, las conversaciones, los cafés,
los kioskos
los vendedores de diarios
y grito

y grito
que yo también padecí la tortura
con el mismo coraje, la misma certeza, la misma convicción, la misma
arrogancia, el mismo valor del compañero heroico.

Y grito que la libertad de mi pueblo
Debe ser también mi libertad

Pero dime
¿Por qué debo yo gritar?

Nadie escucha a esta mujer
porque los hombres están festejando la victoria.

Preguntas de análisis y de discusión

1. ¿Por qué dice el yo poético que el país empieza a existir
hoy?
2. Haga una lista de los verbos en presente con que comienzan la mayoría de los versos. Comente qué tipo de

verbos son (activos/pasivos) y qué sugieren sobre el yo poético.

3. Comente el efecto de las enumeraciones en el poema.

4. ¿De qué se queja indirectamente el yo poético en los versos "Y grito que la libertad de mi pueblo/debe ser también mi libertad?"

5. ¿A quién representa el yo poético en este poema?

6. Explique los dos últimos versos del poema. ¿Qué contraste existe entre lo que el yo poético hizo durante la época de la dictadura en su país y lo que sucede cuando regresa la democracia?

Camino a la vida

Vivo la vida
Como si hubiera nacido
En la mitad de la vida.
Miro mi cuerpo y admiro
Su valor.
Me habito con orgullo.
Adopto la ausencia de mi pecho
Y lo amo como a un huérfano.
Su existencia quema sin arder.
Al apoyar la mano
Algo se agita
Un desorden,
Un revuelo de ansiedades,
Y claramente mi nombre.

Preguntas de análisis y de discusión

1. ¿Cómo explica usted los tres primeros versos del poema?

2. ¿Qué cosa admira el yo poético de su cuerpo?

3 ¿Qué tragedia ha sufrido el yo poético? ¿Lo siente ella verdaderamente como una tragedia?

4. Explique la relación del título con el resto del poema. Ponga especial atención al último verso.

5. Se dice que en la poesía de Nela Rio las mujeres, a pesar de sus tragedias no se presentan como víctimas sino como combatientes que se reinventan y renacen. ¿Está usted de acuerdo con esa opinión? Explique a partir del poema.

Etnairis Rivera

Breves notas biográficas

Nace en Puerto Rico. Catedrática de Literatura Hispánica de la Universidad de Puerto Rico y estudiosa de la literatura, figura entre las poetas más destacadas de la generación del setenta. Ha ofrecido talleres de creación literaria y numerosos recitales y representaciones teatrales de poesía en universidades y centros culturales de la Isla y del extranjero. Su poesía, la que le ha valido importantes premios, ha sido traducida al inglés, al francés y al portugués, y publicada en diversas antologías de poesía puertorriqueña e hispanoamericana. Comienza a publicar muy joven, en 1968, en revistas literarias como *Mester, Penélope o el otro mundo, Zona de carga y descarga, Palestra, Creación y Reintegro*.

Ha publicado: *WYdondequiera* (1974); *María, Mar, Morivaví* (1976); *Pachamamapa Takin (Canto de la Madre Tierra)* (1976); *El día del polen* (1981); *Entre ciudades y casi paraísos* (1989, 1995); *El viaje de los besos / De la flor, del mar y de la muerte* (2000); *Intervenidos*, libro dedicado a la lucha del pueblo viequense (2003).

Premios: Premio de la Casa del Autor Puertorriqueño por

La puerta milenaria (1983); mención honorífica del PEN Club de Puerto Rico por *El viaje de los besos/De la flor, del mar y de la muerte* (2000).

Introducción a la obra

La poesía de Etnairis Rivera va de lo más profundo del alma humana hasta su lucha inmanente por la justicia. Los tres primeros poemas a continuación forman parte de un tríptico llamado por la poeta *Poemas del mar*. El mar, omnipresente al interior y al exterior del cuerpo y de la mente; el mar que rodea y nos rodea; el mar sensual, beso que acaricia y permanece en el olor, en el tacto, en los sueños. El mar, ese mar en nosotros que se crece, se desborda, se renueva y se hace pájaro y piedra en la palabra.

El siguiente poema, poema "I" es el que abre su colección *Intervenidos*, en donde el mar, y siempre el mar que a veces acecha, pero que siempre protege, deja sentir su presencia de justicia y purificación.

El Mar Interior

El mar interior todo lo mira
cuando se mira a sí mismo.
Su resplandor de gozo,
del sol caribe, ribera del ser,
el más amado beso, mi mar,
tan real, se mueve y me toca.
Su cuerpo invencible, aquí,
su aura, ahora,
penetra un sonido poderoso
que en mi interior todo lo mira.

Preguntas de análisis y de discusión

1. ¿Qué relación establece el yo poético con el mar? ¿Cómo

lo describe?
2. ¿Qué efecto logra la poeta con las imágenes de luz que inundan el poema?

El mar en su hermosura

Avanzo empujada por mí misma.
Sostengo una sonrisa con las manos,
un templo blanco agarrado a un precipicio.
El mar en su hermosura ahí está, sin falta,
nunca, jamás, apartado de mi estela.
Mar en el aire, mar en los sueños,
en el hombre que intercede por la noche y el fuego
e insiste en rescatarme del pájaro y su mito.
Ese último amante paciente espera
para erguir su encanto en mi casa
y morder mi lágrima de Icaro,
a la misma vez que mi vasija.
Cómo hunde, cómo ronda,
esta alianza inevitable que pide lirios.
Vencedora en mi destello,
avanzo empujada por mí misma
y dejo un grandioso abrazo como gardenia que persiste.

Preguntas de análisis y de discusión

1. En los tres primeros versos la poeta se describe a sí misma metafóricamente: su forma de avanzar, sus manos sosteniendo una sonrisa, un templo blanco agarrado a un precipicio. Piense en el mundo marítimo ¿Qué imagen visual se va creando a medida que avanza el poema?
2. ¿Quién fue Icaro? ¿Por qué cree usted que la poeta hace alusión a él en el poema?

Salgo al mar cuando escribo

Salgo al mar cuando escribo.
Una acuamarina se entrona en mi cuerpo
y en mis manos el agua se cuela,
dejando la herida,
los dientes marcados del impacto.
Escribo lo que me apena,
lo que denuncio y quiero transformar
en ola, en tiempo mejor,
lo que observo afuera,
lo que veo dentro de mí y de las cosas.
Salgo al mar y me renuevo,
purifico mis algas batidas por las furias
y retoño
con un pájaro en mi hombro.

Preguntas de análisis y de discusión

1. ¿Sobre qué escribe la poeta?
2. ¿Qué importancia tiene el mar en su vida, en su poesía?
3. ¿Qué atmósfera o ambiente van creando las imágenes marinas en el poema?

Éste es el canto justiciero,
como lo son mis ojos y el amor de ustedes,
el color de nuestra piel en lucha.

Ante las paredes de la bestia
seamos como el amanecer, inviolables,
sabios y locamente santos.

Ante los demonios del imperio,
seamos ángeles libertarios,
expertos saboteadores de las noches,
ocupadas por marines,
de la tierra tuya y mía ocupada por marines
y superbanqueros
y mucho inglés
y poca leche y poco arroz
y ningún día libre,
verdadero, digo, como para decir: no más yanquis,
no más bombas, no más ladrones del futuro,
no más guerra.

Éste es nuestro canto.
El que sienta miedo, que respire hondo,
que piense en el mar,
en el beso de su amante.

Preguntas de análisis y de discusión

1. ¿Quién es el yo poético y a quién le habla?
2. Conociendo el trasfondo de la colección *Intervenidos* a la que pertenece este poema defina los dos grupos que se oponen en el poema y cómo los describe la poeta.
3. ¿Qué situación de caos han creado los unos en la tierra de los otros? Refiérase al poema para justificar su respuesta.
4. La última estrofa del poema rompe completamente con el comienzo. Explique cómo logra la poeta esa ruptura y qué aporta ésta al poema en términos de ritmo, ambiente, sentido.

R*osina* V*alcárcel*

Breves notas biográficas

Nace en Lima, Perú el 1 de mayo de 1947.
Conoció el destierro a los tres años. Sus padres,
Gustavo y Violeta, sus tres hermanos, su muñeca naranja y sus ojos asombrados fueron embarcados -a la
mala- en un viejo galeón rumbo a México. Era 1951 y
la dictadura de Manuel Odría marcaba sus primeros
sueños infantiles. Regresa seis años más tarde.
Estudia letras y antropología en la Universidad de
San Marcos entre 1964 y 1969. Fue fundadora y
directora de la *Revista Kachka Niraqmi I Etapa* (del 65
al 71), y de *Kachka Niraqmi II Etapa* (del 90 al 93
aproximadamente), y co-directora de la revista
WarmiNayra, Lima, 1990.
Su compromiso político va de la mano con su
labor literaria. Durante la década del 80 (aproximadamente) Valcárcel fue miembro de la Comisión de
defensa de los derechos humanos de la UNMSM y
de MOLADEH (Movimiento latinoamericano de defensa de los derechos humanos) desde 1973 siendo
la promotora de su boletín *Libertad.* Su obra poética
ha sido objeto de estudio por investigadores de
diversos países entre ellos: Modesta Suárez y Roland
Forgues, Francia; Gladys Basagoitia, Perú, Italia;

Lady Rojas-Trempe, Canadá; Giovanna Minardi, Italia; Antonio Cornejo Polar, Esther Castañeda, Tulio Mora, Perú.

Actualmente Rosina Valcárcel ejerce el periodismo (autodidacta) escribiendo artículos en el diario nacional *La República* e integra el Colectivo de la Asociación Cultural Alma Matinal.

Ha publicado:

Poemas: *Sendas del bosque* (1966); *Navíos* (1975); *Una mujer canta en medio del caos* (1991); *Loca como las aves* (1995); *Paseo de sonámbula* (2001).

Ensayos: Dos ensayos antropológicos: "Universitarios y prejuicio étnico," Lima ESAN, 1974; "Mitos, dominación y resistencia andina," Lima, UNMSM, 1988.

Premios: Obtuvo algunos premios en el colegio GUE Teresa Gonzáles de Fanning (1962 y 1963), en la Universidad de San Marcos (1965), en la Asociación Nisei, Concurso José María Arguedas (1974).

Introducción a la obra

Los poemas a continuación forman parte de la colección *Una mujer canta en medio del caos* la cual reúne poemas escritos por la autora entre 1975 y 1990. El texto está dividido en cuatro secciones: "Una mujer canta en medio del caos", "Pascana", "La piel nuestro tambor" y "Giralda," es decir, nos presenta un amplio panorama de lo que la poesía ha sido y es para esta gran poeta peruana.

"En su práctica poética tiene Valcárcel un feminismo asumido, tan natural como la respiración. Está claro para ella que el combate de la mujer no es contra el hombre sino contra una estructura social.

Formalmente la poesía de Valcárcel se mueve dentro de la tradición, pero aquí y allá aparecen imágenes sorprendentes, ruptura de ritmos, gritos de rechazo o de afirmación. Sus versos, gracias a estos recursos y a la fuerza de la expresión, llaman la atención de cualquier lector, inclusive del más indiferente." (Roland Forgues y Marco Martos. *La escritura, un acto de amor*. Grenoble: Ed. det Fignahus, 1989:17).

Eclipse de madreselvas

¿Fuiste fiel?
¿Olvidaste "Regreso sin gloria"
La primera cita / Jane Fonda"
¿Fuiste fiel?
Mi casa estuvo habitada
Por tus ojos de carbón
Mi júbilo fue contemplar
Tu jardín de madreselvas
¿Y no lo sabes?

En la banquita del Callao mi primer candor
Tu salida matutina
La eternidad de mis pechos
Que ya no tienes contigo.

Preguntas de análisis y de discusión

1. ¿A quién le habla la poeta?
2. ¿A qué se refiere en el segundo verso "Regreso sin gloria?"
3. ¿Qué llenaba de júbilo a la poeta?
4. ¿Están juntos los amantes?
5. ¿Cuál de los cinco sentidos se encuentra representado en el poema? Dé ejemplos. Dé también ejemplos de figuras poéticas (metáforas, símiles, personificaciones, etc.)

Allegro vivace

Un astro bajo el cielo
Infinita
  m
  e
  n
  t
  e
existo
en todo lo que me das

¿En lo que te doy
existes
astro
  i
  n
  f
  i
  n
      i
  t
  o
sobre mi cielo?

Preguntas de análisis y de discusión

1. Explique el significado del poema en términos de una relación amorosa. ¿Qué le pregunta la amante al amante? ¿Cuál es su inquietud? ¿Cómo se define ella con respecto a él?

Loca como los pájaros

¿Cómo esconder mi corazón turbado?
¿Cómo arrancarlo?
¿Cómo entregar la belleza sin orgullo?
¿Por qué me falta lo que anhelo?
¿Cuándo recibir el amor osado que yo entregué?
¿Hasta cuándo dar todo sin reparar en mi dolor?
¿Por qué no distinguen si canto o lloro?
¿Por qué si deseo bailar otros duermen?
¿Por qué se niegan a calmar mis pesares?

¿Por qué nací en la suavidad de la rosa
y otros en el frío acero?
¿Por qué nací loca como los pájaros
y otros crueles como una espada?

Preguntas de análisis y de discusión

1. ¿A quién le habla la poeta?
2. ¿Cómo se describe la poeta? ¿Se siente amada, comprendida, aceptada? ¿Podemos decir que esta descripción podría aplicarse en sentido general a todos los poetas? ¿Por qué sí, o por qué no?
3. ¿Qué efecto tiene el estilo de la poeta de expresarse a través de preguntas en vez de declaraciones?

Off side

Le gustaba apretar
El don del claxón
¡Bacán!
Para que los vecinos recordaran
Su cotidiano rol
Del *man* de la casa.

Después
Del segundo domingo de mayo
Su esposa echó llave al garage
Y lloró 9 meses
Pero jamás volvió a abrir(se)
El maldito
Cerrojo
Of the house.

Preguntas de análisis y de discusión

1. ¿De quién habla la poeta en la primera estrofa? ¿Cómo describe ella a esa persona?
2. ¿Por qué lo llama Bacán?
3. ¿Qué significan los versos 5 y 6 de la primera estrofa?
4. Cuente lo que sucede en la segunda estrofa.
5. ¿Qué implicaciones puede tener el verso "Y lloró 9 meses" dentro del contexto del poema?
6. Explique el cambio que se produce en la mujer dentro del poema.

$I_{da}\ V_{itale}$

Breves notas biográficas

Nace en Montevideo en 1924. Poeta por excelencia, autora además de artículos periodísticos y ensayos de crítica literaria la carrera de Ida Vitale en el mundo de las letras ha sido vasta y abarcadora. De amplia formación intelectual, políglota por añadidura, ha hecho incursiones incluso en las aguas de la traducción, la que como bien dijera el gran maestro Borges, es otra forma de creación.

Ha publicado :
Poesía : *La luz de esta memoria* (1949); *Palabra dada* (1953); *Cada uno en su noche* (1960); *Oidor andante* (1972); *Jardín de sílice* (1980); *Sueños de la constancia* (1984) e *Ida Vitale - Obra poética I* (1992).
Antologías:
Poemas (1993); *Poesía uruguaya del siglo XX* (1998).

Introducción a la obra

De esta extraordinaria poeta uruguaya veremos dos poemas: "Final de fiesta" y "Sequía," el uno presagiando la llegada de lo inevitable cuando cae el telón del optimismo y la esperanza. La vida corre, el amor se escapa, tanto en los versos de Vitale como bajo el puente Mirabeau de Apollinaire. Le queda al poeta la palabra para grabar en piedra lo que siente, pero la palabra, traviesa, comienza a parecerse al hombre, simbiosis en la que pierde lucidez, brillo, fuerza, emoción, movimiento y que la va vistiendo de melancólica espera.

Frente a la poesía de Ida Vitale una cascada de imágenes sin tiempo invade nuestra mente al ritmo de una métrica de oro que nos remite a lo más clásico de la poesía universal, como universales son los temas que comparte con el lector.

Final de fiesta

La blanca mesa puesta de esperanza,
el pan, la fruta, el agua, nuestros sueños,
el dispendioso[1] amor sobre los platos,
¿serán fiesta y amor y turbamiento,
seguirán siendo diario, don y deuda
a no sabido plazo todavía?
¿Siempre la taza ardiente ante nosotros
y el hambre alegre enfrente y compañera?
Al fin se nos dirá: éste es el día,
los frutos de la tierra se acabaron,
para mañana encontraréis sustancias
inútiles y un pan equivocado,
copas vacías, donde el tiempo empieza
a arrepentirse de lo que ha pasado,
una insufrible desazón[2] del ocio[3]
y a menguante[4] nube de palabras
ajenas y lloviendo en nuestro polvo.
Agosto, Santa Rosa
Una lluvia de un día puede no acabar nunca,
puede en gotas,
en hojas de amarilla tristeza
irnos cambiando el cielo todo, el aire,
en torva inundación la luz,
triste, en silencio y negra,
como un mirlo mojado.

Deshecha piel, deshecho cuerpo de agua
destrozándose en torre y pararrayos,
me sobreviene, se me viene sobre
mi altura tantas veces,
mojándome, mugiendo, compartiendo
mi ropa y mis zapatos,
también mi sola lágrima tan salida de madre.
Miro la tarde de hora en hora,
miro de buscarle la cara
con tierna proposición de acento,
miro de perderle pavor,
pero me da la espalda puesta ya a anochecer.
Miro todo tan malo, tan acérrimo[5] y hosco[6].
¡Qué fácil desalmarse,
ser con muy buenos modos de piedra,
quedar sola, gritando como un árbol,
por cada rama temporal,
muriéndome de agosto!

1. expensive
2. annoyance
3. spare time
4. declining
5. fuerce
6. dark, gloomy

Preguntas de análisis y de discusión

1. El poema de Ida Vitale está cargado de figuras poéticas. Enumere ejemplos de metáforas, símiles, personificaciones, hipérboles, oximorones, etc.
2. Comente y discuta la importancia de las imágenes relativas a una fiesta o una cena con el sentido del poema.
3. Discuta la relación de poema y título.
4. El ritmo del poema da la sensación de un río desbordado en carrera hacia el mar o de un aguacero torrencial. ¿De qué recursos se vale la poeta para lograr este efecto? ¿Qué importancia tiene este efecto en el significado del poema?

Sequía

"De se taire, parfois, riche est l'occasion"
Raymond Roussel

Y tienen las palabras su verano,
su invierno,
y tiempos de entretierra
y estaciones de olvido.
De pronto se parecen demasiado a nosotros,
a manos que no tocan
hijos, amigos,
y pierden su polvo en otra tierra.
Ya no las mueve el agua
de nuestra tibia orilla humana.
Navegan entre nieblas,
merodean lentísimas,
van como topos,
ciegas,
esperando.
Hermanas, tristes nuestras.

Preguntas de análisis y de discusión

1. ¿Con qué compara el yo poético las palabras? ¿Por qué?
2. A raíz de esta comparación ¿cuál es el tono que se va instalando a lo largo del poema? ¿Cuál es el sentimiento del yo poético con respecto al paso de los años en la vida del hombre: pesimista, optimista, nostálgico...?

Herederas de la prosa:

cuentistas contemporáneas

I*sabel* A*llende*

Breves notas biográficas

Isabel Allende, chilena, nace en 1942 en Lima, Perú donde su padre se desempeñaba como diplomático. Trabajó como periodista en Chile desde los diecisiete años en revistas de corte feminista como la revista *Paula* y en la revista para niños *Mamposte*. También trabajó para la televisión y escribió algunas obras de teatro. Según la propia Isabel nunca fue una activista política pero sí siempre se manifestó a favor de los derechos de la mujer. Abandonó Chile tras el golpe de estado que en 1973 derrocara al Presidente Salvador Allende Gossens, su tío. Miles de chilenos murieron asesinados en los primeros días del golpe, cientos de miles fueron encarcelados, cerca de 2,500 desaparecieron durante los años de la dictadura del general Augusto Pinochet y cientos de miles fueron obligados a tomar el camino del exilio. Isabel Allende fue una de ellos. Se exilió en Caracas, Venezuela, donde vivió de 1975 a 1984 y se desempeñó como periodista del diario *El Nacional*. Actualmente reside en California, Estados Unidos.

La casa de los espíritus la situó como una de las más importantes escritoras de nuestros días. Narra Isabel Allende en su primera novela sus recuerdos de infancia, aquellos que poblaron la vieja casona habitada por sus abuelos, aquella que le abrió el mundo de la fantasía y el mundo de los libros. Vivió Isabel Allende los primeros momentos de la dictadura y aparece esta vivencia en la novela, así como también aparece la visión de la historia de Chile a través de las mujeres, personajes claves, que componen esas cuatro generaciones de la dinastía de los Trueba.

Le siguió *De amor y de sombra* en la cual narra la aparición en una mina del norte de Chile de los cuerpos de campesinos asesinados por los servicios de seguridad de la dictadura. Meses más tarde la ficción se transforma en realidad cuando efectivamente se dan a conocer los detalles sobre el descubrimiento de uno de los primeros cementerios clandestinos en el país.

En 1987 publica *Eva Luna* a la que le siguen *Los cuentos de Eva Luna*, primeras obras en las que no aparece directamente reflejada la temática de la dictadura.

En 1991 aparece *El plan infinito*, basada en la vida de William Gordon quien le confió sus secretos y quien es hoy su marido. Más tarde, "y para no volverme loca", escribió *Paula* en la que describe la terrible enfermedad que terminó con la joven vida de su hija Paula.

El 21 de abril de 1998 presentó *Afrodita* en Barnes & Nobles en New York y dijo Isabel Allende: "escribo porque soy una comunicadora, al comienzo fui periodista, necesito contar mis historias, necesito de la otra parte de mis libros, de ustedes, los lectores, sin los cuales mi obra no estaría completa".

El 29 de enero de 1999 presentó en España *Hija de la fortuna*. Eliza, la protagonista, "es una muchacha joven, muy joven, que nace en Valparaíso y se va a California detrás de un amor y, como le pasó a los aventureros que buscaban oro, encontró otra cosa," dice Isabel Allende. Y a la escritora le ocurrió otro tanto: "En California encontré a un gringo." Cuanto pasa en *Hija de la fortuna* sucede durante la fiebre del oro, "una época llena de violencia, excesos, crueldad, codicia y, al mismo tiempo, utopía." También se puede hacer esta otra lectura, nos dice Isabel Allende: "La historia es una especie de viaje iniciático que simboliza lo que ha ocurrido con las mujeres de mi generación."

En el 2001 aparece *Retrato en sepia*, en cierta forma la continuación de *Hija de la fortuna*. Es la historia de Aurora del Valle, la nieta de Eliza Sommers, quien hasta la edad de 5 años es criada por sus abuelos maternos, y cuya vida cambia al ser puesta al cuidado de su abuela paterna, la fabulosa Paulina del Valle. A medida avanza la historia encontramos en ella también el árbol genealógico de la familia Del Valle, Severo y Nívea que dan origen a las generaciones que conocemos en *La casa de los espíritus*. Podríamos entonces especular que estas dos novelas, *Hija de la fortuna* y *Retrato en sepia* vienen a nosotros inversamente en tiempo y espacio a cerrar el círculo comenzado por la primera novela de Allende que partió del Chile contemporáneo. Estas tres novelas podrían ser consideradas una innovadora clase de trilogía en la que se parte en busca de los orígenes muchos años después, en el exilio, solamente cuando conocemos el presente y nos vemos enfrentados nuevamente a los espíritus del pasado.

Ha publicado: *La casa de los espíritus* (1982); *De amor y de sombra* (1984); *Eva Luna* (1987); *Los cuentos de Eva Luna* (1988); *El plan infinito* (1991); *Paula* (1994); *Afrodita* (1998); *Hija de la fortuna* (1999); *Retrato en sepia* (2001); *La ciudad de las bestias* (2002); *Mi país inventado* (2003); *En el reino del dragón de oro* (2003); *El bosque de los pigmeos* y *Zorro: una novela* (2005).

Premios: Mejor novela del año, Chile 1983; "Panorama Literario", Chile 1983; Autora del año, Alemania 1984; Libro del año, Alemania 1984; "Grand Prix d'Evasion", Francia 1984; "Radio Televisión Belga: Point de Mire", Bélgica 1985; "Premio Literario Colima", México 1986; "XV Premio Internazionale I Migliori Dell'Anno", Italia 1987; "Mulheres" mejor novela extranjera, Portugal 1987; "Quimera Libros", Chile 1987; Libro del año, Suiza 1987; Library Journal's Best Book, USA 1988; Before Columbus Foundation Award, USA 1988; Mejor novela, México 1985; Autora del año, Alemania 1986; Freedom to Write Pen Club, USA 1991; "XLI Bancarella", Italia 1993; Independent Foreign Fiction, Inglaterra 1993; Brandeis University Major Book Collection, USA 1993; "Critics' Choice", USA 1996; "Books to Remember", American Library Assoc., USA 1996; "Books to Remember" The New York Public Library; "Malaparte" Amici di Capri, Italia 1998; "Donna Citta Di Roma", Italia 1998; "Dorothy and Lillian Gish" USA 1998; "Sara Lee Foundation" USA 1998.

Honores: Miembro de la "Academia de Artes y Ciencias", Puerto Rico 1995; "Honorary Citizen" of the City of Austin, USA 1995; "Feminist of the Year" Award, The Feminist; Majority Foundation, USA 1994; "Chevalier dans l'Ordre des Arts et des Lettres", France 1994; "Condecoración Gabriela Mistral", Chile 1994; Professor of Literature Honoris Causae in University of Chile, Chile 1991; Doctor of Letters at New York State University, USA 1991; Member of the "Academia de la Lengua", Chile 1989; Doctor of Humane Letters at Florida Atlantic University, USA 1996.

Introducción a la obra

El cuento "Cartas de amor traicionado" forma parte de la colección *Los cuentos de Eva Luna* publicada en 1988. Es éste uno de los constantes ejemplos en la literatura de Isabel Allende en que los personajes femeninos son paradigma de la reivindicación de la mujer como ente social a parte entera. Analía Torres, como Belisa Crepusculario y tantas otras en la obra de Allende, es la mujer que se instruye, la que no se deja amilanar por las desgracias; aquella que toma su destino en sus manos y no la que lo mira pasar de ojos largos desde la ventana; la que se atreve a confrontar la sociedad patriarcal y sus injusticias y a reclamar sus derechos con la seguridad que sólo da el saberse fuerte y el conocer su verdadero valor. En este cuento Allende trasciende el tema del verdadero amor que supera todos los obstáculos para entregarnos como elemento perdurable a través de los tiempos un personaje femenino que rompe con todos los cánones y se impone como la mujer del presente: dueña de su vida y su destino.

Cartas de amor traicionado

La madre de Analía Torres murió de una fiebre delirante cuando ella nació y su padre no soportó la tristeza y dos semanas más tarde se dio un tiro de pistola en el pecho. Agonizó varios días con el nombre de su mujer en los labios. Su hermano Eugenio administró las tierras de la familia y dispuso del destino de la pequeña huérfana según su criterio. Hasta los seis años Analía creció aferrada a las faldas de un ama india en los cuartos de servicio de la casa de su tutor y después, apenas tuvo edad para ir a la escuela, la mandaron a la capital, interna en el Colegio de las Hermanas del Sagrado Corazón, donde pasó los doce años siguientes. Era buena alumna y amaba la disciplina, la austeridad del edificio de piedra, la capilla con su corte de santos y su aroma de cera y de lirios, los corredores desnudos, los patios sombríos. Lo que menos la atraía era el bullicio de las pupilas y el acre olor de las salas de clases. Cada vez que lograba burlar la vigilancia de las monjas, se escondía en el desván, entre estatuas decapitadas y muebles rotos, para contarse cuentos a sí misma. En esos momentos robados se sumergía en el silencio con la sensación de abandonarse a un pecado.

Cada seis meses recibía una breve nota de su tío Eugenio recomendándole que se portara bien y honrara la memoria de sus padres, quienes habían sido dos buenos cristianos en vida y estarían orgullosos de que su única hija dedicara su existencia a los más altos preceptos de la virtud, es decir, entrara de novicia al convento. Pero Analía le hizo saber desde la primera insinuación que no estaba dispuesta a ello y mantuvo su postura con firmeza simplemente para contradecirlo, porque en el fondo le gustaba la vida religiosa. Escondida tras el hábito, en la soledad última de la renuncia a cualquier placer, tal vez podría encontrar paz perdurable, pensaba; sin embargo su instinto le advertía contra los consejos de su tutor. Sospechaba que sus acciones estaban motivadas por la codicia de las tierras, más que por la lealtad familiar. Nada proveniente de él le parecía digno de confianza, en algún resquicio se encontraba la trampa.

Cuando Analía cumplió dieciséis años, su tío fue a visitarla al colegio por primera vez. La Madre Superiora llamó a la muchacha a su oficina y tuvo que presentarlos, porque ambos habían cambiado mucho desde la época del ama india en los patios traseros y no se reconocieron.

-Veo que las Hermanitas han cuidado bien de ti, Analía -comentó el tío revolviendo su taza de chocolate. Te ves sana y hasta bonita. En mi última carta te notifiqué que a partir de la fecha de este cumpleaños recibirás una suma mensual para tus gastos, tal como lo estipuló en su testamento mi hermano, que en paz descanse.

-¿Cuánto?

-Cien pesos.

-¿Es todo lo que dejaron mis padres?

-No, claro que no. Ya sabes que la hacienda te pertenece; pero la agricultura no es tarea para una mujer, sobre todo en estos tiempos de huelgas y revoluciones. Por el momento te haré llegar una mensualidad que aumentaré cada año, hasta tu mayoría de edad. Luego veremos.

-¿Veremos qué, tío?

-Veremos lo que más te conviene.

-¿Cuáles son mis alternativas?

-Siempre necesitarás a un hombre que administre

el campo, niña. Yo lo he hecho todos estos años y no ha sido tarea fácil, pero es mi obligación, se lo prometí a mi hermano en su última hora y estoy dispuesto a seguir haciéndolo por ti.

-No deberá hacerlo por mucho tiempo más, tío. Cuando me case me haré cargo de mis tierras.

-¿Cuando se case, dijo la chiquilla? Dígame, Madre, ¿es que tiene algún pretendiente?

-¡Cómo se le ocurre, señor Torres! Cuidamos mucho a las niñas. Es sólo una manera de hablar. ¡Qué cosas dice esta muchacha!

Analía Torres se puso de pie, se estiró los pliegues del uniforme, hizo una breve reverencia más bien burlona y salió. La Madre Superiora le sirvió más chocolate al caballero, comentando que la única explicación para ese comportamiento descortés era el escaso contacto que la joven había tenido con sus familiares.

-Ella es la única alumna que nunca sale de vacaciones y a quien jamás le han mandado un regalo de Navidad-dijo la monja en tono seco.

-Yo no soy hombre de mimos, pero le aseguro que estimo mucho a mi sobrina y he cuidado sus intereses como un padre. Pero tiene usted razón, Analía necesita más cariño, las mujeres son sentimentales.

Antes de treinta días el tío se presentó de nuevo en el colegio, pero en esta oportunidad no pidió ver a su sobrina, se limitó a notificarle a la Madre Superiora que su propio hijo deseaba mantener correspondencia con Analía y a rogarle que le hiciera llegar las cartas a ver si la camaradería con su primo reforzaba los lazos de la familia. Las cartas comenzaron a llegar regularmente. Sencillo papel blanco y tinta negra, una escritura de trazos grandes y precisos. Algunas hablaban de la vida en el campo, de las estaciones y los animales, otras de poetas ya muertos y de los pensamientos que escribieron. A veces el sobre incluía un libro o un dibujo hecho con los mismos trazos firmes de la caligrafía. Analía se propuso no leerlas, fiel a la idea de que cualquier cosa relacionada con su tío escondía algún peligro, pero en el aburrimiento del colegio las cartas representaban su única posibilidad de volar. Se escondía en el desván, no ya a inventar cuentos improbables, sino a releer con avidez las notas enviadas por su primo hasta conocer de memoria la inclinación de las letras y la textura del papel. A1 principio no las contestaba, pero al poco tiempo no pudo dejar de hacerlo. El contenido de las cartas se fue haciendo cada vez más útil para burlar la censura de la Madre Superiora, que abría toda la correspondencia. Creció la intimidad entre los dos y pronto lograron ponerse de acuerdo en un código secreto con el cual empezaron a hablar de amor.

Analía Torres no recordaba haber visto jamás a ese primo que se firmaba Luis, porque cuando ella vivía en casa de su tío el muchacho estaba interno en un colegio en la capital. Estaba segura de que debía ser un hombre feo, tal vez enfermo o contrahecho, porque le parecía imposible que a una sensibilidad tan profunda y una inteligencia tan precisa se sumara un aspecto atrayente. Trataba de dibujar en su mente una imagen del primo: rechoncho como su padre con la cara picada de viruelas, cojo y medio calvo; pero mientras más defectos le agregaba más se inclinaba a amarlo. El brillo del espíritu era lo único importante, lo único que resistiría el paso del tiempo sin deteriorarse e iría creciendo con los años, la belleza de esos héroes utópicos de los cuentos no tenía valor alguno y hasta podía convertirse en motivo de frivolidad, concluía la muchacha, aunque no podía evitar una sombra de inquietud en su razonamiento. Se preguntaba cuánta deformidad sería capaz de tolerar.

La correspondencia entre Analía y Luis Torres duró dos años, al cabo de los cuales la muchacha tenía una caja de sombrero llena de sobres y el alma definitivamente entregada. Si cruzó por su mente la idea de que aquella

144

relación podría ser un plan de su tío para que los bienes que ella había heredado de su padre pasaran a manos de Luis, la descartó de inmediato, avergonzada de su propia mezquindad. El día en que cumplió dieciocho años la Madre Superiora la llamó al refectorio porque había una visita esperándola. Analía Torres adivinó quién era y estuvo a punto de correr a esconderse en el desván de los santos olvidados, aterrada ante la eventualidad de enfrentar por fin al hombre que había imaginado por tanto tiempo. Cuando entró en la sala y estuvo frente a él necesitó varios minutos para vencer la desilusión.

Luis Torres no era el enano retorcido que ella había construido en sueños y había aprendido a amar. Era un hombre bien plantado, con un rostro simpático de rasgos regulares, la boca todavía infantil, una barba oscura y bien cuidada, ojos claros de pestañas largas, pero vacíos de expresión. Se parecía un poco a los santos de la capilla, demasiado bonito y un poco bobalicón. Analía se repuso del impacto y decidió que si había aceptado en su corazón a un jorobado, con mayor razón podía querer a este joven elegante que la besaba en una mejilla dejándole un rastro de lavanda en la nariz.

Desde el primer día de casada Analía detestó a Luis Torres. Cuando la aplastó entre las sábanas bordadas de una cama demasiado blanda, supo que se había enamorado de un fantasma y que nunca podría trasladar esa pasión imaginaria a la realidad de su matrimonio. Combatió sus sentimientos con determinación, primero descartándolos como un vicio y luego, cuando fue imposible seguir ignorándolos, tratando de llegar al fondo de su propia alma para arrancárselos de raíz. Luis era gentil y hasta divertido a veces, no la molestaba con exigencias desproporcionadas ni trató de modificar su tendencia a la soledad y al silencio. Ella misma admitía que con un poco de buena voluntad de su parte podía encontrar en esa relación cierta felicidad, al menos tanta como hubiera obtenido tras un hábito de monja. No tenía motivos precisos para esa extraña repulsión por el hombre que había amado por dos años sin conocer. Tampoco lograba poner en palabras sus emociones, pero si hubiera podido hacerlo no habría tenido a nadie con quién comentarlo. Se sentía burlada al no poder conciliar la imagen del pretendiente epistolar con la de ese marido de carne y hueso. Luis nunca mencionaba las cartas y cuando ella tocaba el tema, él le cerraba la boca con un beso rápido y alguna observación ligera sobre ese romanticismo tan poco adecuado a la vida matrimonial, en la cual la confianza, el respeto, los intereses comunes y el futuro de la familia importaban mucho más que una correspondencia de adolescentes. No había entre los dos verdadera intimidad. Durante el día cada uno se desempeñaba en sus quehaceres y por las noches se encontraban entre las almohadas de plumas, donde Analía -acostumbrada a su camastro del colegio- creía sofocarse. A veces se abrazaban de prisa, ella inmóvil y tensa, él con la actitud de quien cumple una exigencia del cuerpo porque no puede evitarlo. Luis se dormía de inmediato, ella se quedaba con los ojos abiertos en la oscuridad y una protesta atravesada en la garganta. Analía intentaba diversos medios para vencer el rechazo que él le inspiraba, desde el recurso de fijar en la memoria cada detalle de su marido con el propósito de amarlo por pura determinación, hasta el de vaciar la mente de todo pensamiento y trasladarse a una dimensión donde él no pudiera alcanzarla. Rezaba para que fuera sólo una repugnancia transitoria, pero pasaron los meses y en vez del alivio esperado creció la animosidad hasta convertirse en odio. Una noche se sorprendió soñando con un hombre horrible que la acariciaba con los dedos manchados de tinta negra.

Los esposos Torres vivían en la propiedad adquirida por el padre de Analía cuando ésa era todavía una región medio salvaje, tierra de soldados y bandidos. Ahora se encontraba junto a la carretera y a poca distancia de un pueblo próspero, donde cada año se celebraban ferias agrícolas y ganaderas. Legalmente Luis era el administrador del fundo, pero en realidad era el tío Eugenio quien cumplía esa función, porque a Luis le aburrían los asuntos del campo. Después del almuerzo, cuando padre e hijo se instalaban en la biblioteca a beber coñac y jugar dominó, Analía oía a su tío decidir sobre las inversiones, los animales, las siembras y las cosechas. En las raras ocasiones en que ella se atrevía a intervenir para dar una opinión, los dos hombres la escuchaban con aparente atención, asegurándole que tendrían en cuenta sus sugerencias, pero luego actuaban a su amaño. A veces Analía salía a galopar por los potreros hasta los límites de la montaña deseando haber sido hombre.

El nacimiento de un hijo no mejoró en nada los sentimientos de Analía por su marido. Durante los meses de la gestación se acentuó su carácter retraído, pero Luis no se impacientó, atribuyéndolo a su estado. De todos modos, él tenía otros asuntos en los cuales pensar. Después de dar a luz, ella se instaló en otra habitación, amueblada solamente con una cama angosta y dura. Cuando el hijo cumplió un año y todavía la madre cerraba con llave la puerta de su aposento y evitaba toda ocasión de estar a solas con él, Luis decidió que ya era tiempo de exigir un trato más considerado y le advirtió a su mujer que más le valía cambiar de actitud, antes que rompiera la puerta a tiros. Ella nunca lo había visto tan violento. Obedeció sin comentarios. En los siete años siguientes la tensión entre ambos aumentó de tal manera que terminaron por convertirse en enemigos solapados, pero eran personas de buenos modales y delante de los demás se trataban con una exagerada cortesía. Sólo el niño sospechaba el tamaño de la hostilidad entre sus padres y despertaba a medianoche llorando, con la cama mojada. Analía se cubrió con una coraza de silencio y poco a poco pareció irse secando por dentro. Luis, en cambio, se volvió más expansivo y frívolo, se abandonó a sus múltiples apetitos, bebía demasiado y solía perderse por varios días en inconfesables travesuras. Después, cuando dejó de disimular sus actos de disipación, Analía encontró buenos pretextos para alejarse aún más de él. Luis perdió todo interés en las faenas del campo y su mujer lo reemplazó, contenta de esa nueva posición. Los domingos el tío Eugenio se quedaba en el comedor discutiendo las decisiones con ella, mientras Luis se hundía en una larga siesta, de la cual resucitaba al anochecer, empapado de sudor y con el estómago revuelto, pero siempre dispuesto a irse otra vez de jarana con sus amigos.

Analía le enseñó a su hijo los rudimentos de la escritura y la aritmética y trató de iniciarlo en el gusto por los libros. Cuando el niño cumplió siete años Luis decidió que ya era tiempo de darle una educación más formal, lejos de los mimos de la madre, y quiso mandarlo a un colegio en la capital, a ver si se hacía hombre de prisa, pero Analía se le puso por delante con tal ferocidad, que tuvo que aceptar una solución menos drástica. Se lo llevó a la escuela del pueblo, donde permanecía interno de lunes a viernes, pero los sábados por la mañana iba el coche a buscarlo para que volviera a casa hasta el domingo. La primera semana Analía observó a su hijo llena de ansiedad, buscando motivos para retenerlo a su lado, pero no pudo encontrarlos. La criatura parecía contenta, hablaba de su maestro y de sus compañeros con genuino entusiasmo, como si hubiera nacido entre ellos. Dejó de orinarse en la cama. Tres meses después llegó con su boleta de notas y una breve carta del profesor felicitándolo por su buen rendimiento. Analía la leyó temblando y sonrió por primera vez en mucho tiempo. Abrazó a su hijo conmovida, interrogándolo sobre cada detalle, cómo eran los dormitorios, qué le daban de comer, si hacía frío por las noches, cuántos amigos tenía, cómo era su maestro. Pareció mucho más tranquila y no volvió a hablar de sacarlo de la escuela. En los meses siguientes el muchacho trajo siempre buenas calificaciones, que Analía coleccionaba como tesoros y retribuía con frascos de mermelada y canastos de frutas para toda la clase. Trataba de no pensar en que esa solución apenas alcanzaba para la educación primaria, que dentro de pocos años sería inevitable mandar al niño a un colegio en la ciudad y ella sólo podría verlo durante las vacaciones.

En una noche de pelotera en el pueblo Luis Torres, que había bebido demasiado, se dispuso a hacer piruetas en un caballo ajeno para demostrar su habilidad de jinete ante un grupo de compinches de taberna. El animal lo lanzó al suelo y de una patada le reventó los testículos. Nueve días después Torres murió aullando de dolor en una clínica de la capital, donde lo llevaron en la esperanza de salvarlo de la infección. A su lado estaba su mujer, llorando de culpa por el amor que nunca pudo darle y de alivio porque ya no tendría que seguir rezando para que se muriera. Antes de volver al campo con el cuerpo en un féretro para enterrarlo en su propia tierra, Analía se compró un vestido blanco y lo metió al fondo de su maleta. Al pueblo llegó de luto, con la cara cubierta por un velo de viuda para que nadie le viera la expresión de los ojos, y del mismo modo se presentó en el funeral, de la mano de su hijo, también con traje negro. Al término de la ceremonia el tío Eugenio, que se mantenía muy saludable a pesar de sus setenta años bien gastados, le propuso a su nuera que le cediera las tierras y se fuera a vivir de sus rentas a la ciudad, donde el niño terminaría su educación y ella podría olvidar las penas del pasado.

-Porque no se me escapa, Analía, que mi pobre Luis y tú nunca fueron felices -dijo.

-Tiene razón, tío. Luis me engañó desde el principio.

-Por Dios, hija, él siempre fue muy discreto y respetuoso contigo. Luis fue un buen marido. Todos los hombres tienen pequeñas aventuras, pero eso no tiene la menor importancia.

-No me refiero a eso, sino a un engaño irremediable.

-No quiero saber de qué se trata. En todo caso, pienso que en la capital el niño y tú estarán mucho mejor. Nada les faltará. Yo me haré cargo de la propiedad, estoy viejo pero no acabado y todavía puedo voltear un toro.

-Me quedaré aquí. Mi hijo se quedará también, porque tiene que ayudarme en el campo. En los últimos años he trabajado más en los potreros que en la casa. La única diferencia será que ahora tomaré mis decisiones sin consultar con nadie. Por fin esta tierra es sólo mía. Adiós, tío Eugenio.

En las primeras semanas Analía organizó su nueva vida. Empezó por quemar las sábanas que había compartido con su marido y trasladar su cama angosta a la habitación principal; en seguida estudió a fondo los libros de administración de la propiedad, y apenas tuvo una idea precisa de sus bienes buscó un capataz que ejecutara sus órdenes sin hacer preguntas. Cuando sintió que tenía todas las riendas bajo control buscó su vestido blanco en la maleta, lo planchó con esmero, se lo puso y así ataviada se fue en su coche a la escuela del pueblo, llevando bajo el brazo una vieja caja de sombreros.

Analía Torres esperó en el patio que la campana de las cinco anunciara el fin de la última clase de la tarde y el tropel de los niños saliera al recreo. Entre ellos venía su hijo en alegre carrera, quien al verla se detuvo en seco, porque era la primera vez que su madre aparecía en el colegio.

-Muéstrame tu aula, quiero conocer a tu maestro -dijo ella.

En la puerta Analía le indicó al muchacho que se fuera, porque ese era un asunto privado, y entró sola. Era una sala grande y de techos altos, con mapas y dibujos de biología en las paredes. Había el mismo olor a encierro y a sudor de niños que había marcado su propia infancia, pero en esta oportunidad no le molestó, por el contrario, lo aspiró con gusto. Los pupitres se veían desordenados por el día de uso, había algunos papeles en el suelo y tinteros abiertos. Alcanzó a ver una columna de números en la pizarra. Al fondo, en un escritorio sobre una plataforma, se encontraba el maestro. El hombre levantó la cara sorprendido y no se puso de pie, porque sus muletas estaban en un rincón, demasiado lejos para alcanzarlas sin arrastrar la silla. Analía cruzó el pasillo entre dos hileras de pupitres y se detuvo frente a él.

-Soy la madre de Torres -dijo porque no se le ocurrió algo mejor.

-Buenas tardes, señora. Aprovecho para agradecerle los dulces y las frutas que nos ha enviado.

-Dejemos eso, no vine para cortesías. Vine a pedirle cuentas -dijo Analía colocando la caja de sombreros sobre la mesa.

-¿Qué es esto?

Ella abrió la caja y sacó las cartas de amor que había guardado todo ese tiempo. Por un largo instante él paseó la vista sobre aquel cerro de sobres.

-Usted me debe once años de mi vida -dijo Analía.

-¿Cómo supo que yo las escribí? –balbuceo él cuando logró sacar la voz que se le había atascado en alguna parte.

-El mismo día de mi matrimonio descubrí que mi marido no podía haberlas escrito y cuando mi hijo trajo a la casa sus primeras notas, reconocí la caligrafía. Y ahora que lo estoy mirando no me cabe ni la menor duda, porque yo a usted lo he visto en sueños desde que tengo dieciséis años. ¿Por qué lo hizo?

-Luis Torres era mi amigo y cuando me pidió que le escribiera una carta para su prima no me pareció que hubiera nada de malo. Así fue con la segunda y la tercera;

después, cuando usted me contestó, ya no pude retroceder. Esos dos años fueron los mejores de mi vida, los únicos en que he esperado algo. Esperaba el correo.

-Ajá.

-¿Puede perdonarme?

-De usted depende -dijo Analía pasándole las muletas. El maestro se colocó la chaqueta y se levantó. Los dos salieron al bullicio del patio, donde todavía no se había puesto el sol.

Preguntas de análisis y de discusión

1. ¿Qué tipo de narrador tiene el relato? ¿Tiene alguna relevancia para el desarrollo del cuento este tipo de narrador?

2. Describa los personajes y comente su personalidad. ¿Responden a estereotipos o tienen personalidad propia?

3. Discuta el estilo de Isabel Allende. ¿Cómo logra establecer el suspenso?

4. Discuta el simbolismo del vestido blanco que se pone Analía para ir a ver al maestro.

5. Comente la oración final del cuento. ¿Qué implicaciones tiene?

Rosa Maria Britton

Breves notas biográficas

Nace en la ciudad de Panamá en 1936, de padre cubano y madre panameña. Cursó sus primeros estudios en su ciudad natal y los secundarios en La Habana, Cuba. Se doctoró en medicina en la Universidad de Madrid y continuó sus estudios en ginecología y oncología en los Estados Unidos. Desde 1973 reside en Panamá. A la par de ejercer su carrera de médica especialista en ginecología, desarrolla una activa labor literaria desde 1978 y desde 1995 es presidenta del PEN Club Internacional de su país.

Ha publicado:

Novela: *El ataúd de uso* premio Ricardo Miró, primera ed. Panamá, segunda Colombia, tercera Panamá (1983); *El señor de las lluvias y el viento* premio Ricardo Miró 1984 (1988, 1989, 1998, 2000, 2002); *No pertenezco a este siglo* premio Ricardo Miró 1991 (1992, 1995, 2001); *Laberintos de orgullo* (2002).

Cuento: *¿Quién inventó el mambo?* Premio Ricardo Miró 1985 (1985, 1996, 2001); *La muerte tiene dos caras* Premio Walt Whitman, de la Asociación de Becarios de la Fundación Fullbright 1987 (1987, 1997, 2003); *Semana de la mujer y otras calamidades* (1995); *Todas íbamos a ser reinas* (1995, 1998, 2003).

Teatro: *Esa esquina del paraíso* premio Ricardo Miró teatro (1986); *Banquete de despedida / Miss Panamá Inc.* Premio Ricardo Miró (1987); *Los loros no lloran* (1994); *Teatro*, compendio de cuatro obras (1999).

Premios: Ricardo Miró de novela (1982, 1984 y 1991); de cuento (1985) y de teatro (1986 y 1987); Premio de Teatro en los Juegos Florales México, Centro América de Quetzaltenago, Guatemala por *Los loros no lloran* (1994).

Introducción a la obra

El profundo conocimiento del cuerpo humano, sobre todo del cuerpo de la mujer, adquirido gracias a largos y dedicados años a su profesión de ginecóloga y de escritora comprometida con los derechos de sus congéneres hacen de la obra de Britton una radiografía literaria de la mujer presentada a través del caso de estudio de la mujer panameña dentro de la sociedad contemporánea; análisis de sus problemas, visión crítica de su comportamiento social, apoyo de sus reivindicaciones.

El cuento que nos ocupa, "La maldad del tiempo" es una aguda mirada a la situación de miseria en que vive una capa de la población panameña. Las actitudes y comportamiento de uno de los personajes, la que tiene hambre, representan una nueva manera de supervivencia dentro de una sociedad en la que la separación entre los que tienen y los que no se hace cada vez más profunda; en la que aún la diginidad se atreve hacerle frente a la desesperación.

La maldad del tiempo

La mujer apareció frente a mí de repente, batiendo los brazos como un barco a la deriva, su enorme cuerpo navegando entre latas y cajas de cereal, bufando como un mastodonte en celo y cayó en mis brazos casi desmayada dando grititos de alegría.

-¿Te acuerdas de mí, mujer, no te acuerdas de mí? -chilló entusiasmada, apretándome con fuerza.

154

Apenada, rebusqué en la memoria apuradamente, sin encontrar un pasado común con esa mole de carne y telas que se aferraba a mis hombros como a una tabla de salvación. Traté de disimular mi confusión palmeando el amplio lomo con entusiasmo. Mal asunto mi memoria, que apenas alcanza a aferrarse al pasado inmediato, la última gracia de los nietos, la lista del supermercado, números de teléfono de amistades cercanas, cosas de la edad. Aconte- cimientos de esos que caritativamente les ha dado por lla- mar la tercera edad, los años dorados, que de benevolente no tiene nada. La edad de los achaques, enfermedades, la lenta espera de la muerte segura. La maldad del tiempo no conoce límites.

-¿Sabes querida? Te ves igualita, no te has engor- dado ni una onza desde que nos graduamos- me dijo exa- minándome tan de cerca que podía percibir el tufo de un aliento agrio, el olor a vejez descuidada.

¿Querida? ¿Graduación de qué? Yo había termina- do la secundaria y estudiado contabilidad, pero no la ubi- caba en ninguna de esas dos ceremonias de graduación.

-Yo nunca trabajé a pesar de que era una de las me- jores mecanógrafas de la clase, porque Carlos no me dejó. A ti te consta lo celoso que era y por nada de este mundo me iba a dejar salir a trabajar por ahí, expuesta a Dios sabe cuántos peligros. El título lo colgué en una pared y allí to- davía está, amarillento, recogiendo polvo.

Y entonces, para añadir a mi confusión, sacaba a relucir a un Carlos a quien suponía que yo debía recordar como compañero de estudios además de estar enterada de su conducta amatoria. La mujer suspiró apoyándose en las latas de sopa y por unos instantes sentí crujir la estructura de aluminio que almacenaba la mercancía en nítidas hile- ras. Levantó una lata llevándola muy cerca de los ojos, buscando el precio.

-Hay que ver lo cara que se ha puesto la vida. Esta misma lata de sopa de pollo y fideos costaba ochenta centavos hace unos meses y ahora está a dólar cincuenta. Pronto tendremos que contentarnos con tomar solamente agua caliente con un cubito de caldo de pollo. Carlos se incapacitó hace quince años a consecuencia de un accidente en el trabajo. Se lesionó la espalda levantado unas cajas y hasta allí llegó su carrera de ingeniero civil. La pensión que recibe es una porquería, a duras penas logramos sobrevivir y con los precios como están por los cielos...

Tiró la lata en el anaquel, y suspirando como si le arrancaran algo muy preciado me agarró de la mano, arrastrándome a la cafetería del supermercado con el pretexto que teníamos que conversar de nuestro pasado en común.

Yo, angustiada, rebuscaba nombres y hechos sin éxito, maldiciendo los años que han hecho estragos en mi memoria. Escogió dos empanadas de carne y pidió un vaso grande de chicha de naranja, mientras que yo pedía un café, un pastelito y la cuenta que ella ignoró cuando llegamos a la cajera. Nos sentamos en una mesita aparte, como viejas amigas.

-Sabes, siempre me ha quedado un poquito de remordimiento por haberte quitado a Carlos. Fue una jugada algo sucia de mi parte, pero yo estaba muy enamorada y sinceramente espero que me hayas perdonado- me dijo suspirando.

Las cosas se complicaban. Francamente me sentía perdida, sin saber qué comentario hacer. Hacía tanto que no pensaba en enamoramientos y otras angustias de la juventud y mucho menos recordaba a algún Carlos que hubiera amado alguna vez y alguien me hubiera quitado. De cerca pude detallar su vestido, una especie de túnica de algodón con estampados apropiados para cortinas en un cuarto de niños, caracteres de Disney correteaban por toda su anatomía. La cara cruzada por líneas profundas, los mofletes temblorosos, los ojos hundidos en párpados hinchados y la boca masticando con una voracidad que denotaba vida propia.

-Sí, sí, desde luego te perdoné hace mucho- musité insegura.

-Fue el día de la graduación, ¿sabes? llegaste con un vestido todo vaporoso y escotado y a Carlos se le caía la baba al verte y me di cuenta de que tenía que tomar una decisión desesperada antes de que se declarara, ustedes eran casi novios, todo el mundo lo sabía. Así que lo agarré por el brazo y me le pegué como un chicle. Las mujeres cuando nos enamoramos somos capaces de cualquier locura. Bailamos muy juntos y con el pretexto de que me sentía un poco mal salimos a tomar aire fresco, lo besé y me besó, lo abracé y me abrazó y sucedió lo que tenía que suceder en el carro de uno de sus amigos. Nos casamos a los cuatro meses porque quedé embarazada esa noche inolvidable. No me arrepiento, no, a pesar de todo lo que nos ha ocurrido. Claro que vivir con Carlos no ha sido cosa fácil, no señor. Con el cuento del trabajo, viajaba mucho y tenía mujeres por todos los rincones de la república. Un hombre tan bien parecido atraía a las mujeres como la miel a las moscas. Después que se accidentó y no pudo trabajar más, le dio por ponerse violento. No tienes idea las veces que acabamos en la corregiduría después de una de sus broncas. Tuvimos cuatro hijos, que no quieren saber de nosotros, unos ingratos, digo yo. La sangre es sangre, a pesar de todo. La mayor, se casó con un gringo y se fue a vivir a los Estados Unidos y jamás nos manda ni un centavo. Los otros tres, bueno, cada cual por su lado. Carlos tiene su temperamento y cuando se juma, no me queda más remedio que tolerarlo.

Engulló la última empanada en dos mordiscos y se limpió la barbilla llena de mendrugos. Oscuramente me alegré de haber perdido la opción de ser la compañera de semejante prenda, aunque no lograba recordar las circunstancias de nuestra relación. Satisfecha, pensé que la edad tiene sus ventajas. Oblitera de la memoria lo que no queremos recordar y obviamente la gorda del supermercado era parte de un pasado de angustias y estúpidos enamoramientos de juventud que había borrado hacía mucho. En realidad no creo haber sufrido de amores en ese tiempo como ella lo describía, los ojos en blanco, las manos apretadas sobre el pecho, una lágrima temblorosa colgada del ojo derecho.

-Bueno, ya tengo que marcharme. Ha sido un placer volver a encontrarnos y por favor me saludas a Carlos -dije preparándome para salir huyendo del súper sin darle mis señales ni hacer la compra.

-Se va a poner tan contento cuando le diga que te vi, aunque pienso reservarme el hecho de que te conservas tan bien, para que no le entre otra vez el entusiasmo, Marcela. Carlos estará viejo y algo tullido, pero todavía tiene su corazoncito.

Se rió a carcajadas de su ocurrencia con la boca abierta y noté que le faltaban casi todos los dientes, asombrándome de que pudiera masticar tan rápido sin dentadura. Me levanté dándole la mano para despedirme, encantada de que mi nombre fuese Rosalía en vez de Marcela. ¡Pobre mujer! Se había equivocado de persona y me dio pena señalarle su error. Salí corriendo del supermercado sin comprar nada, apurada por perderla de vista.

Unos meses después la vi de lejos en el mismo lugar, ataviada con el mismo atuendo de animalitos mitológicos, volando a abrazar a otra incauta como yo que la miraba estupefacta, mientras fustigaba la memoria, tratando de recordar a un hombre llamado Carlos que la gorda no cesaba de mencionar en voz alta. Inmediatamente la arrastró hacia las empanadas y la chicha que la otra pagó sin protestar y entonces entendí que era ese el verdadero propósito de aquel reencuentro ficticio con el pasado.

Cosas de las penurias que muchas veces acompañan al estómago de la tercera edad.

Preguntas de análisis y de discusión

1. ¿Qué tipo de narrador tiene el cuento?
2. ¿Quiénes son los personajes? Descríbalos.
3. ¿Por qué se siente confundida la narradora cuando el otro personaje la saluda y comienza a contarle y preguntarle de su vida?
4. ¿Qué asociación hace la narradora entre lo que le sucede de no poder recordar a quien parece recordarla tan bien y la vejez?
5. Comente la descripción que hace la narradora de la ropa del otro personaje y de su físico y manera de comer a través del cuento y establezca una relación entre esa descripción y la clase social a la que pertenece esa mujer.
6. Comente el estilo de la autora. ¿Cómo logra mantener el suspenso hasta el final del cuento?
7. ¿Es el título simbólico, literal o ambos? Explique.

Martha Cerda

Breves notas biográficas

Nace en Guadalajara, México el 29 de noviembre de 1945. Licenciada en Derecho es reconocida nacional e internacionalmente por sus cualidades como escritora y promotora cultural. En 1988 funda y dirige la Escuela de escritores SOGEM de Guadalajara, funda el PEN Club Guadalajara y organiza varios congresos internacionales en su ciudad natal. Actualmente es la presidenta del PEN para América Latina. Ha participado en congresos y/o dado conferencias en Estados Unidos, Puerto Rico, Canadá, Argentina, Chile, Francia, Inglaterra, República Checa, Italia, Alemania, Grecia y Australia. En 1994, en la Feria del Libro Latinoamericano organizada por la universidad de Illinois, Carlos Fuentes se refirió a Martha Cerda como: "una de las escritoras que está haciendo la nueva literatura mexicana".

Ha publicado:

Cuentos: *Juego de damas* (1988); *De tanto contar* (1993); *Las mamás, los pastores y los hermenautas* (1995).

Novelas: *La señora Rodríguez y otros mundos* (1990); *La señora Rodríguez et autres mondes* (1993); *Y apenas era miércoles* (1993); *Señora Rodríguez and other worlds* (1997); *Cerradura de tres ojos* (1997); *Tutta una vita* (1998); *Toda una vida* (1998); *En el nombre del nombre* (2001); *Ballet y danza* (2001).

Poesía: *Cohabitantes/Cohabitants* (1995).

Teatro: *Todos los pardos son gatos* (1996).

Premios: Mejor libro de cuentos, por *Juego de Damas*, Revista de Revistas, Librarium, periódico El Excélsior, México (1998); Premio Jalisco en Letras por *Toda una vida* (1998); *La señora Rodríguez y otros mundos* fue seleccionado por el Centre National des Lettres, Francia para ser traducido al francés y publicado bajo su patrocinio en la editorial Indigo-côté femmes, Francia (1993). *Toda una vida* fue nominado como el mejor libro de ficción por la Asociación de Libreros Italianos (1998).

Introducción a la obra

"Como una reina" forma parte de la colección *Cerradura de tres ojos* publicada en 1997. Diferentes momentos en la vida de una familia desfilan ante nuestros ojos a medida que la joven narradora nos va describiendo las fotografías en su álbum familiar. La autora subvierte abiertamente el principio de la fotografía de fijar para la posteridad un momento de la realidad sin comentarlo gracias a la lectura que de las fotos nos entrega la niña. Sus detalladas descripciones nos permiten imaginar las escenas capturadas por la cámara, sus observaciones y comentarios aportan las ramificaciones sociales de la anécdota. Nada se le escapa a esta ingenua, y por ingenua aguda mirada: lo dicho, lo no dicho, lo insinuado. Guiados por su atizado ojo vemos cómo se van tejiendo las relaciones interfamiliares – las legítimas, las ilegítimas- así como las diversas perspectivas desde las cuales se puede prejuzgar un hecho sea uno niño o adulto; reflejada también está la hipocresía social. El final sorpresivo y humorístico característico de muchos relatos escritos por mujeres se hace también presente en "Como una reina."

Como una reina

El papel se ve amarillento, la fotografía sigue intacta. Ahí están el tío Ángel, el abuelo Luis, el tío Gabriel y mamá al centro. Ellos de traje y corbata, ella con un vestido claro que pudo ser azul o rosa, porque la foto es en blanco y negro. Hay algo en su mirada, en sus brazos pegados al cuerpo, que da la impresión de haberlos descubierto haciendo algo malo. Prohibido como hacer el amor, no, sino por ejemplo, aquellas cosas que hacía el abuelo de decir entre dientes que mamá era una pendeja. Cosas por el estilo.

Sí, ahí están, uno junto al otro mirando a la cámara desde sus diferentes alturas: el tío Ángel alto y desgarbado, el abuelo más bien gordo y bajo y el tío Gabriel un tanto achatado por la figura erguida de mamá, que la hacía parecer más alta que ellos. Papá no está.

Sigo hojeando el álbum, en la siguiente página veo a los mismos personajes y a una quinceañera en medio de ellos, con un ramo de flores en las manos y un sombrero de ala ancha que le tapa la cara. Es la hija del tío Gabriel. Mamá parece una reina por el vestido largo y los guantes hasta el codo de cuando yo era niña. Me busco, debí estar en esa fiesta. Si mamá era la reina yo debería ser la princesa, aunque no me pareciera a ella, pero no me encuentro.

Yo tenía ocho años y mi primo Raúl trece. Me invitó a ver unos pescaditos de colores que había en la pileta de la casa de mis tíos. No pude ver a la quinceañera bailar el vals, porque Raúl me llevó hasta donde ya no se oía la música, pero vi nadar a los pescaditos, metí las manos al agua, agarré uno rojo y lo saqué para demostrarle a Raúl que no me daba miedo. El pescado comenzó a sacudirse y abrir la boca, lo solté. Raúl lo cogió y me lo puso sobre la falda, el pescadito me hacía cosquillas…

-Quítamelo, quítamelo, -le pedí.

Raúl era mi primo preferido, me enseñó a subirme a los árboles, a matar güilotas y a jugar al trompo, además de hacer lo que yo quería; pero esa vez no me quitó el pescado, sino que puso su mano sobre mis piernas y me dijo -estate quieta.

Cuando regresamos a la fiesta mamá estaba posando para la foto, yo llegué, toda mojada, de la mano de mi primo. "No se muevan, no se muevan," ordenaba el fotógrafo, mientras se acomodaba tras un tripié de madera, que sostenía la cámara. Los tíos y el abuelo miraron, sin moverse, a mi primo y éste se echó a correr. "Una sonrisa, por favor," suplicaba el fotógrafo. Mamá me miró de reojo, yo temblaba.

-Ya es tarde, -dijo mamá, casi sin abrir los labios, pero el fotógrafo alegó que sin ella la foto no valdría la pena, era tan guapa. Siempre pasaba lo mismo, mamá aparecía en todas las fotos de bodas y cumpleaños con su cabello rubio contrastando con el de sus cuñados. Fuera de ahí no se hablaban. Quizá por eso en la foto parece que los hubieran sorprendido desnudos. Hubo un flashazo que dejó ciega a mamá, pues ya no me vio como yo a ella: hizo la cabeza hacia atrás, entornó los ojos y sumió el estómago. "Listo, muchas gracias," se oyó de nuevo la voz del fotógrafo. El tío Ángel tosió y se fue sin despedirse. El tío Gabriel se limpió el sudor y aprovechó para sonarse. Se retiró con la cara aún tapada por el pañuelo. El abuelo carraspeó, se aflojó la corbata y preguntó: -¿qué tiene esa criatura? Mamá volvió en sí, el fotógrafo se había ido y ella seguía posando. Enderezó la cabeza, se acomodó los guantes y caminó hacia mí. –Andabas con el mañoso de Raúl, verdad?, -gritó conforme avanzaba. El abuelo movió la cabeza y me dijo adiós desde lejos. Yo esperé un coscorrón de mamá o un pellizco en el brazo, no que me llevara al baño y que me bajara los calzones con su mano enguantada. Me acuerdo que eran color de rosa con un moñito en la cintura. Me gustaban mucho, aunque caídos hasta los tobillos se veían todos arrugados. Quise subírmelos, pero mamá me miraba de un modo que me hizo sentir vergüenza de estar desnuda de la cintura para abajo. Y me puse a llorar.

-Confiésame lo que hiciste, -volvió a gritar mamá.

-Nada, -mentí, por temor a que me diera unas nalgadas; aunque sí había hecho algo: me peleé con Raúl por decirme pendeja, con aquella risita tan parecida a la del abuelo cuando decía lo mismo de ella y nomás porque le dije que lo iba a acusar por haber matado al pescadito.

-Ya verás, te voy a acusar con…

-¿Con quién, con quién? –me preguntó él.

No supe contestarle, por eso me dijo lo que me dijo. Le escupí la cara y él se me quedó viendo de la manera en que mi tío Ángel veía a mamá, cuando papá no estaba. Luego se me fue acercando, yo, sentada en la orilla de la pileta, me iba recorriendo hacia atrás. Creí que me iba a jalar los pelos, pero en vez de hacerlo me preguntó: -¿sabes cómo nacen los niños? Empecé a sentir los calzones mojados, tenía las sentaderas dentro del agua cuando le contesté: -No, sácame de aquí. Raúl soltó la risa y yo también. -Córrele que nos van a regañar, -dijo agarrándome de la mano.

-¿Nada?, ¿Entonces por qué tienes los calzones mojados? Tendrás que confesárselo al padre cuando hagas tu primera comunión, -concluyó mamá, dándose media vuelta y dejándome con los calzones en el suelo.

En la última hoja del álbum estoy en una foto con mi vestido de primera comunión. Me veo como una reina; comulgué sin confesar que había escupido a mi primo en la cara y nadie se dio cuenta.

Preguntas de análisis y de discusión

1. ¿Quién es el narrador del relato y qué tipo de narrador es? ¿Tiene alguna relevancia este narrador en guiar al lec-

tor en el contenido social de la historia?

2. Mencione y describa a los personajes del cuento.

3. ¿Cómo contrasta físicamente la madre de la narradora y el resto de la familia? ¿Qué implicaciones sociales propone la autora al hacer resaltar esas diferencias?

4. ¿Qué relación se insinúa entre la mamá de la narradora y su tío? Justifique su respuesta utilizando pasajes del cuento.

5. ¿Cómo se refleja el tema del machismo en el relato? ¿Qué cambio deja entrever la autora que ocurre en las relaciones entre los niños de sexos diferentes al llegar a la pubertad? Justifique su respuesta con pasajes del cuento.

6. Comente el párrafo final del cuento a la luz de lo sorpresivo e ingenuo del comentario de la niña desde su perspectiva infantil y en términos de la hipocresía social del mundo adulto que deja entrever.

7. Comente el título del relato.

Renee Ferrer

Breves notas biográficas

Nace en Asunción, Paraguay en 1944. Comenzó a publicar sus primeros poemas en el periódico del Colegio Internacional de la capital paraguaya. Se doctoró en Historia en la Universidad Nacional de Asunción, con una tesis titulada "Desarrollo socioeconómico del núcleo poblacional concepcionero".
Ha publicado:
Poesía: *Hay surcos que no se llenan* (1965); *Voces sin réplica* (1967); *Cascarita de nuez* (infantil, 1978); *Galope* (infantil, 1983); *Desde el cañadón de la memoria* (1984); *Campo y cielo* (infantil, 1985); *Peregrino de la eternidad y sobreviviente* (1985); *Nocturnos* (1987); *Viaje a destiempo* (1989); *De lugares, momentos e implicaciones varias* (1990), *El acantilado y el mar* (1992); *Itinerario del deseo* (1994); *La voz que me fue dada* (1996); *El resplandor y las sombras* (1996); *De la eternidad y otros delirios* (1997) y *El ocaso del milenio* (1999).

La voz que me fue dada es una antología de su trayectoria poética. Sus poemarios son combinaciones de ritmo poético con lirismo sensual, y algunos de ellos son eróticos, aunque también los hay dirigidos a los niños. Destaca en especial Nocturnos, donde el ritmo de las palabras y de los versos se ejecuta conforme a las notas de los *Nocturnos* de Chopin.

Cuentos: *La seca y otros cuentos* (1986); *La mariposa azul* (1987), cuentos infantiles cuya edición bilingüe en guaraní y español se editó en 1996; *Por el ojo de la cerradura* (1993) y *Desde el encendido corazón del monte* (1994), cuentos ecológicos de honda raíz mítica.

Novelas: *Los nudos del silencio* (1988), prologada por el profesor David W. Foster y reeditada en versión definitiva en 1992; *Vagos sin tierra* (1999), prologada por José Vicente Peiró, narración histórico-intimista partiendo de los conocimientos adquiridos durante su trabajo de tesis doctoral sobre la historia de la ciudad paraguaya de Concepción.

Ensayo: "La narrativa paraguaya actual: dos vertientes" (1994).

Antología: *Poetisas del Paraguay*, publicada en España por Editorial Torremozas.

Introducción a la obra

El cuento "La exposición" forma parte de la colección *La seca y otros cuentos* publicada en 1986. Es extraordinario como, de mano magistral, Ferrer nos hace correr tras una voz narrativa y la otra cada una tratando incesantemente de superimponer, desde su posición dentro del matrimonio, su visión de la historia; visiones contradictorias de anónimos personajes que como dos boas constrictoras que se entreabrazan nos van apretando en su acometedor devorar intentando quitarnos el oxígeno necesario a todo razonamiento lógico. ¿Qué voz tiene la razón? A nosotros, lectores avisados de separar sus cuerpos, de objetivarlas y de sacar nuestras conclusiones.

La exposición nos remite más allá de la concreta exposición de la obra pictórica de esta mujer con talento y sin nombre, a la exposición o denuncia del rol de negación que se espera desempeñe la mujer dentro de la sociedad patriarcal. Lo excepcional del relato es el manejo del suspenso y de la técnica narrativa.

La exposición

Cuando decían que no eras el hombre que me convenía, me burlaba abiertamente con sarcasmo, y no lo creía. Comentaban que yo tenía gustos que no iban con los tuyos. Yo pensaba cambiarte. A mí, tu sensibilidad me parecía fácil de congeniar con mi sentido práctico y creo que nunca tuve muy en cuenta nuestras diferencias, tus veleidades intelectuales pensaba ponérmelas en el bolsillo, guardarlas como un detalle. La verdad es que nuestros intereses distaban mucho de ser iguales. Me fascinaba el arte en sus múltiples variaciones, fugarme con la música, perderme en el interior de un cuadro, y tú no eras precisamente un exquisito. Yo me enfrascaba en mis libros de contabilidad, las idas regulares al box, y te dejaba hacer. Empezaste a estudiar pintura hasta que vinieran los hijos. A mí me pareció bien, hasta que vinieran los hijos. Cuando quedé embarazada me arreglé como pude para seguir pintando. No fue fácil, porque de cualquier contratiempo doméstico la pintura tenía la culpa. Traté de que dejaras esas clases. Ciertamente me descontrolaba cuando el chico se enfermaba y tú no estabas en casa. Pero fuimos sorteando la situación entre altercados, orgasmos y buenos momentos. En realidad yo te quería. Yo todavía te quiero; pero siento que se debe hacer algo más que criar hijos a través de los años. No alcanzo a comprender cómo estos niños que tuviste conmigo no te bastan. Hay un cierto desamor en salir tanto, cuando todavía son pequeños; en dejarse atrapar por otras cosas robándoles el tiempo. Me enerva tu paciente voluntad; ese muro rotundo de tu voluntad entre nosotros. Si yo dejaba esas clases en aquel momento nunca las hubiera podido reiniciar; me hubiera hundido como una botella abierta que se llena y se va al fondo.

169

Las propias circunstancias te superan, se encargan de ahogarte; y un día por una cosa, y al siguiente por otra, lo abandonas todo porque te parece que no vale la pena. Cuando te das cuenta ha pasado media vida y ya no tienes fuerzas para más intentos, te refugias en tu trinchera de madre, de esposa, en las comisiones de beneficencia; y de los viejos anhelos sólo te queda la frustración silenciada: el recuerdo de que eras diferente. Tuve que aceptar esas clases finalmente.

Hoy es un gran día para mí. La primera exposición de mis cuadros se inaugura a las ocho de la noche. Ese día fui a la peluquería, me puse el vestido nuevo y me sentí hermosa. No debía olvidar la exposición de mi mujer, al salir de la oficina. Aunque no me interesa mucho la pintura me lo pidió y no me cuesta nada darle el gusto. Estaba tan impaciente que llegué demasiado temprano. El orgullo se me escapaba de la piel. Los cuadros dispuestos en caballetes poco menos que verticales recibían el enfoque correcto de las luces. En las paredes, libres de cualquier artificio, colgaban los más grandes. Todos tenían para mí algún trazo subyugante, algún recuerdo inmovilizado dentro del marco, una espina quizás. Fueron años de trabajo y de terca persistencia. Los minutos se volvían interminables mientras la gente llegaba presurosa, ya sobre la hora. Mi profesor manifestaba sin retaceos su complacencia. Aunque el acto debía iniciarse a las ocho, yo quise esperar un poco más. Al rato no hubo otra alternativa que empezar. Escuché palabras elogiosas, dentro de la mesura, naturalmente. Puesto que era una principiante, no podía pretenderse un Picasso. Pero tenía aptitudes. Lo decían todos. Eran las nueve y tú no llegabas. Caramba, qué tarde es, ni siquiera me di cuenta. Cómo se me pudo pasar la hora de la exposición de mi mujer. Una viscosa decepción me arrinconó desde entonces dejándome a un lado y ya no le saqué los ojos de encima a la puerta de entrada. A las nueve y media se retiraron los últimos visitantes, los amigos, y

170

mi profesor, con renovados apretones de manos. No se vendió ningún cuadro, pero era un comienzo.

Convine con el encargado de la galería que al día siguiente los retiraría temprano. Me fui a casa cargando mi derrota, donde rebotaban los halagos, que ahora me sonaban intrascendentes. Cuando llegué vi la luz encendida en el dormitorio. Entré. Me hice el dormido y al día siguiente, con un pretexto cualquiera, justifiqué mi ausencia.

Preguntas de análisis y de discusión

1. Identifique al narrador/es del cuento.

2. ¿Qué característica de la narradora se puede apreciar claramente en el primer párrafo y qué la diferencia del hombre con quien se casó?

3. ¿Quién narra esta sección del cuento: "Empezaste a estudiar pintura hasta que vinieran los hijos. A mí me pareció bien, hasta que vinieran los hijos?" Comente el estereotipo del rol de la mujer al interior de una sociedad patriarcal contenido en la misma.

4. ¿Cuál es el conflicto principal presentado por la autora en este cuento?

5. ¿De qué recurso estilístico se vale para darnos a conocer lo que piensa cada personaje? Describa a los personajes partiendo de sus comentarios.

6. Imagine y discuta lo que será la vida de esta pareja al día siguiente de cuando termina el relato.

7. ¿Es el título del relato simbólico o literal o ambos? Justifique su respuesta.

Angélica Gorodischer

Breves notas biográficas

Nace en Buenos Aires, Argentina, el 28 de julio de 1928. Desde pequeña ha residido en Rosario, Provincia de Santa Fe. Comienza a escribir alrededor de 1960, y a partir de 1964, año en que gana un concurso de cuentos policíacos organizado par la revista *Vea y lea*, empieza a publicar profesionalmente.

Ha publicado: *Cuentos con soldados* (1965); *Opus Dos* (1968); *Las Pelucas* (1969); *Bajo las jubeas en Flor* (1973); *Casta luna electrónica* (1977); *Trafalgar* (1979); *Mala Noche y Parir hembra* (1983); *Kalpa Imperial* (1983), *Floreros de alabastro, alfombras de Bokhara* (1985); *Jugo de Mango* (1988); *Las Repúblicas* (1991); *Fábula de la virgen y el bombero* (1993); *Técnicas de supervivencia* (1994); *La noche del inocente* (1996); *Locas por la cocina* (en colaboración) (1997); *Cómo triunfar en la vida,* (1998); *Esas malditas mujeres* (1998); *La otra palabra* (1998).

Premios: Konek, en la categoría ciencia ficción, 1994; Gilgamesh al Mejor Cuento Fantástico por "Retrato de la Emperatriz" y al Mejor Libro de Narrativa Fantástica por *Kalpa Imperial*, 1991; Emecé por *Floreros de Alabastro, alfombras de Bokhara*, 1984-1985; Sigfrido Radaelli al Mejor Libro de Narrativa por *Mala noche*

173

y parir hembra otorgado por el Club de los XIII, 1984;
Poblet a la Mejor Novela por *Kalpa Imperial*, 1984;
Editorial Club del Orden de Santa Fe, 1965.

Introducción a la obra

Angélica Gorodischer es una de las pioneras y más dignas representantes de la literatura de ciencia ficción en Latinoamérica, especialidad en la que ha sido merecedora de varios galardones. "Los gatos de Roma" hace parte de ese mundo fantástico en que la autora nos pierde por laberintos intertemporales en una historia que por su estilo narrativo parece ser contemporánea. El diálogo vivaz de los personajes, característica de los escritos de Gorodischer, hacen al lector aferrarse al relato como si se encontrara alrededor de una fogata escuchando un cuento. "Los gatos de Roma" es un cuento donde la autora nos pasea por la historia desde el Imperio Romano hasta ¿el mundo contemporáneo? sentados en un café discutiendo sobre los atemporales e inmortales temas de "política y de trabajo."

Los gatos de Roma

Estábamos los tres sentados en el "Floriana" de la vía Flaminia y tomábamos un café demasiado liviano, demasiado tibio, en esas tazas altas con dibujos azules que importan ahora no sé de dónde y en las que los patrones de albergues y casas de comidas creen que se puede servir cualquier cosa, y hablábamos de lo que se habla siempre, de política y de trabajo, en el sol recortado por las ramas que se trepan a la pérgola, y era marzo y el clima nos jugaba malas pasadas y se descolgaba extrañamente caluroso y húmedo.

Decio tiene una imaginación ambiciosa y sin escrúpulos: lo que crea es para él más real que lo que recuerda o lo que vive. Él justamente, que parece indiferente y perezoso, como un gato junto al hogar, los ojos semicerrados, respirando como un sonámbulo. Los que lo ven, yo ya no, pero los que lo ven por primera vez o de tanto en tanto, pueden equivocarse y se comprende por qué. Porque no es un gato, es una criatura del abismo, capaz de abrir grietas en la tierra, hacer llorar a los verdugos, devorarse el mundo en el instante en que nos distraigamos.

Con Servio en cambio, no hay posibilidad de error: es un buey miope, confiado y torpe. Me saca de quicio, francamente.

Y yo, bien, ustedes me conocen, saben quién soy y lo que soy. Y como me conocen sé que me van a creer si les digo que hubo algo en esa conversación que me inquietó, que todavía me inquieta.

-Esto no puede seguir así -dijo Servio-. Hay que hacer algo antes de que nos hundamos en la catástrofe.

-Eso -me burlé-, hagamos algo, pichoncitos míos.

Decio no dijo nada, cosa que no me sorprendió.

Servio en cambio siguió con dos perlas de su cosecha:

-A las mujeres hay que verlas, nunca oírlas -eso era para mí.

Y yo tampoco dije nada, cosa que debe haberlos sorprendido a ellos.

-Muy cómodo -siguió con su segunda perla cuando vio que yo ni pío-, muy cómodo eso de fingir que no pasa nada, ir a fiestas, navegar, apostar a los caballos.

-Estudiar -dijo de pronto Decio.

-Enseñar -dije yo, de comedida nomás.

-Dicen que anoche llegó a Roma por tren -insistió Servio.

-Quién.

-Tiberio, quién va a ser.

-Ah.

-¿Por qué no va a venir a Roma si se le da la gana?

-preguntó Decio.

Servio bufó, realmente bufó: echó un montón de aire por la nariz, por la boca y por las orejas, pero no pareció dispuesto a contestar. De modo que Decio cambió de tema:

-Terminé de planificar mis clases para el próximo período -dijo.

-Estupendo -dije yo-, eso quiere decir que ya empezaste otra novela.

-Cómodo, ¿no les digo? -reaccionó Servio-. En vez de ocuparse de un imperio que se muere, dedicar las vacaciones a escribir novelas fantásticas.

-Se muere, seguro -dijo Decio que es pesimista como todos los historiadores-, y está bien que se muera y deje su lugar a otros. Pero la agonía va a ser larga. Y mientras tanto yo gano más dineros escribiendo cuentos fantásticos que dando clases a jovencitos casi siempre estúpidos.

-¿Eso te satisface?

-Sí -dijo Decio-, y no sólo a mi bolsa. A mi alma también.

Corté rápidamente un nuevo bufido de Servio:

-¿Y cómo es esa novela?

-Todavía no es. Pero hay ideas rondando por ahí.

-Si escucharas las noticias por la radio se te ocurrirían otras ideas.

-Las escucho, claro.

-Todos escuchamos la radio, Servio -intervine-. Todos los días lo mismo: disturbios en Numidia, intranquilidad en Illyricum. Y en cuanto a Galilea

-¡Galilea! -estalló Servio-. No sólo Galilea. Samaria, Judea, Idumea, toda Palestina está dispuesta a sublevarse.

-Exageraciones -dije, y tomamos otro poco de café tibio.

-¿Y qué ideas te rondan? -le pregunté a Decio antes de que Servio alejara la taza de los labios.

-Si las cosas no fueran como son, ¿cómo serían?

-Yo te digo que hay que actuar para que las cosas

no sean como son -dijo Servio que había dejado la taza sobre la mesa y nos miraba ofendido- y entonces veríamos cómo serían, eso te digo.

-Escribir es una manera de actuar -contestó Decio.

Servio me molesta, ya lo dije, creo. Pero tengo que confesar que a mí me divierte molestarlo a él.

-Habría que ver cómo serían -dije-. Tiberio no hubiera venido a Roma, quizás. Se hubiera quedado en Capri con sus jovencitos pintarrajeados. Palestina estaría tranquila; gruñona como siempre, pero tranquila.

-No, no.

Allí Decio interrumpió lo que yo iba a decir sobre Illyricum y Numidia, y peor, hasta sobre sobre Seyano y Livila y quién sabe si no hasta sobre el recuerdo de Livia. Nada más, porque nunca ninguno de nosotros ha vuelto a nombrar a Germánico.

-No me refiero solamente a esos detalles -siguió Decio-. Vean, tomemos la historia como si fuera lo que no es, una sucesión de hechos, y cambiemos esos hechos, uno cualquiera, incluso algo nimio y banal, o suprimámoslo. ¿Qué pasa entonces?

-Ajá -dije yo-. ¿Un campesino de Capadocia que no recogió su cosecha a tiempo? ¿Tulio Hostilio absteniéndose de destruir Alba Longa? ¿Eso?

-No sé si lo del campesino y su cosecha. Pero lo de Alba Longa no está mal, nada mal.

Servio estaba callado, por fin. Yo esperé. Y Decio al fin de la espera:

-Yo había pensado en la electricidad.

Servio estaba mejor que callado: estaba atrapado.

-Qué hay con la electricidad -dijo.

-Si en un remoto puerto armoricano no hubieran trabajado el ámbar -dijo Decio-, si Grayolle no hubiera descubierto las posibilidades del campo magnético y los conductores, si no hubiera habido una primera dínamo, ¿eh?

-Algún otro, probablemente -dije yo.

-¿Y si no?

-Ya veo -dije-, ésa es la novela.

-Esa -asintió-. Un mundo en el que no hay electricidad, en el que no se la aplica. No hay motores eléctricos. No hay trenes ni automóviles ni barcos movidos a electricidad. No hay radios ni afeitadoras ni cocinas eléctricas.

-¡Ja! -hizo Servio- ¡Las cosas que se te ocurren! Pero es interesante. Y deprimente. Seríamos un puñado de cavernícolas enfermos y supersticiosos, asaríamos los alimentos sobre el fuego, viajaríamos a pie o a lomo de mula, las noticias tardarían meses en llegar a Roma. No habría Roma, eso es. No habría imperio.

-Quién sabe -dije yo-. A lo mejor habría un imperio. Distinto pero lo habría.

-Eso es lo que me intriga -dijo Decio-, que quién sabe. Y por eso quiero escribir un cuento fantástico en un mundo absurdo en el que no se descubre la electricidad, en el que los galos no rechazan a Julio César con carros más perfectos y veloces que los nuestros, en el que Vercingétorix cae en Alésia, en el que Roma es dueña del mundo pero de otro mundo.

-¡Eh, un momento! -protestó Servio-. Entonces la Galia sería romana y la Britania también.

-Claro.

-Y no se habría descubierto Transmare.

-Por supuesto que no. ¿Con qué? ¿Con trirremes?

-Y no habría chocolate ni tabaco ni café ni papa ni berenjena ni…

-No, no habría.

-Qué aburrido.

-Ni se hablaría de electrónica ni de transmitir imágenes -dije-. A propósito, ¿ustedes me pueden explicar ese asunto de las imágenes?

-Pero sería un mundo -dijo Decio sin hacerme caso- si bien mucho más pequeño, también más concentrado, más complejo, más rico.

-En el que no estaríamos los tres en el "Floriana" dije riéndome sin muchas ganas porque ya había empezado a inquietarme-. Estaríamos sofocando rebeliones en alguna colonia o conspirando para voltear a Seyano.

-¿A Seyano? -preguntó Servio.

Eso era terreno peligroso:

-En ese mundo no habría conato de rebelión en Palestina -me apuré.

-O sí lo habría -dijo Decio-, pero de otro tipo. En vez de enfrentar a un caudillo político fuerte y lleno de recursos que habla por una radio clandestina a todo el país y se desplaza en auto y en tren, Roma estaría por ejemplo frente a un predicador, un místico que entraría a las ciudades de Judea montado en un burro, un ser imprevisible que hablaría a un grupo de adeptos en la ladera de un monte y no a toda Palestina por un micrófono.

-Eso no sería tan eficaz.

-O lo sería -dijo Decio-, ¿por qué no? La palabra tiene cierto poder, ¿saben? que no depende del micrófono sino de la convicción, casi podríamos decir de la fe que la tiñe. Así que las cosas no cambiarían mucho: Tiberio se vería obligado de todos modos a encontrarlo, arrestarlo y ejecutarlo. Aunque no en la silla eléctrica, claro. Lo colgaría, supongo.

-Pero vamos a ver -dije-, sin comunicaciones rápidas, sin trenes eléctricos ni radios eléctricas, las noticias no llegarían a Roma hasta mucho tiempo después, y en ese intervalo la conspiración podría afianzarse. Así en cambio, es probable que se la sofoque inmediatamente y que mañana o pasado todo esté terminado.

-Puede ser -dijo Decio-. Se me ocurre ahora que en mi cuento la revolución triunfa pero con más lentitud y por otras causas. Tiberio no viene a Roma, pero tiene un momento de lucidez y se da cuenta de que un predicador en las fronteras es tan peligroso como un ambicioso en el Palatino. Así que aplasta a los dos de un solo golpe y lo

179

que consigue es encender dos revoluciones: una violenta en Roma donde el nombre del hijo de Germánico está en todas las bocas, y otra subterránea en Galilea donde el juicio, la ejecución y el milagro de un mártir cambian el mundo.

-¿Y cómo termina todo? -preguntó Servio.

-No sé -contestó Decio-, y eso me preocupa.

-Calígula va a ser un buen emperador -dije yo-, si siempre ha sido un buen chico. Y en Palestina cuándo no ha habido predicadores. De modo que podemos olvidarnos del visionario de Galilea y pensar en una Roma próspera y pacífica que se extiende por todo el mundo. Menos en Transmare que no ha sido descubierta en tu cuento y en donde las pequeñas tribus progresan y se convierten allá, solas, en grandes imperios.

-Parece fácil -dijo Decio-. Sí, es lo más probable, pero literariamente es poco atractivo.

-Tonterías -reaccionó Servio-, todo eso son tonterías. La realidad es otra.

-No sé lo que es la realidad -dijo Decio.

-La realidad es Roma. La realidad es la electricidad, el progreso, el mundo que conocemos, ¿no ves? La realidad es que hay sublevaciones en las fronteras y corrupción en el centro del poder. Eso es la realidad.

-¿Sí? -preguntó Decio.

-Sí -dije yo, pero no estaba muy convencida-, sí, no hay duda. Pero eso no quiere decir que no puedas escribir tu cuento fantástico. ¿Qué título tiene?

-Los Gatos de Roma.

-¿Los Gatos de Roma? ¿Por qué? ¿Qué tienen que ver los gatos?

-Espero que el lector lo sepa cuando termine el cuento.

-Aquí Radio Imperial con las noticias del mediodía -tronó la radio del "Floralia"-. Fuentes autorizadas del Palatino expresaron hoy que a raíz de la llegada de Tiberio

Claudio Nerón César a Roma se esperan inminentes decisiones en torno a...

Dejé de escuchar. Pensé en un mundo sin electricidad en el que Roma sería un imperio bárbaro y exquisito, violento, refinado e implacable, en el que Tiberio estaría recluido en Capri y Seyano y Calígula esperarían sin mucha paciencia la sucesión; en el que el sacerdote de una nueva secta extraña no hablaría por radio sino en los montes y a orillas de los ríos a unos pocos seguidores que irían a contarles a otros lo que habían oído; en el que la Galia y la Britania serían romanas; en el que Roma se vería obligada a luchar como una fiera para sobrevivir un poco más, ¿cuánto más?; en el que no fumaríamos tabaco de Transmare y tendríamos esclavos que nos afeitarían con navajas afiladas y prepararían nuestras comidas sobre las brasas. Pero, ah, los gatos de Roma, ellos se asomarían a las callejuelas y los puentes como se asoman ahora entre las molduras de las cornisas, las cajas de los ascensores, las efigies de los templos y las mesas de los cafés, y nos mirarían con los mismos ojos amarillos, desinteresados y sabios con los que nos miran ahora.

Preguntas de análisis y de discusión

1. Identifique al narrador del relato.
2. ¿Quiénes son Decio, Servio y Tiberio? Descríbalos.
3. ¿Tienen estos nombres algún referente histórico?
4. ¿Qué referencias geográficas se mencionan en el cuento?
5. ¿En qué época se sitúa la historia? ¿De qué recursos se sirve la autora para despistar al lector en cuanto a la temporalidad del cuento, pero al mismo tiempo hacerlo más creíble?
6. ¿Qué elementos fantásticos encontramos en el relato?
7. ¿Qué relación existe entre el título y el contenido del cuento? ¿Tienen algún simbolismo los gatos? ¿Lo han tenido para alguna cultura o en algún momento de la historia del hombre, por ejemplo en el imperio romano?

Liliana Heker

Breves notas biográficas

Nace en Buenos Aires, Argentina, en 1943. Cuentista y novelista fue directora de las revistas literarias *El escarabajo de oro* (1961-1974) y *El Ornitorrinco* (1977-1986) en las que su participación se destacó por el trabajo ensayístico crítico. Hoy en día Liliana Heker es una de las voces representativas de la narrativa argentina. Sus cuentos han sido traducidos a varios idiomas y han sido incluidos en antologías en diferentes países como los Estados Unidos, Canadá, Holanda, Rusia, Turquía y Polonia.

Ha publicado:

Cuentos y relatos: *Los que vieron la zarza* (1966), *Acuario* (1972), *Un resplandor que se acabó en el mundo* (1977), *Los bordes de lo real,* recopilación de sus cuentos (1991).

Novelas: Un tríptico de "nouvelles": *Un resplandor que se apagó en el mundo* (1977); *El fin de la historia* (1996) novela ambientada en los desgarradores años setenta en Argentina y *Zona de clivaje* (1987).

Ensayos: *Las hermanas de Shakespeare,* Alfaguara (1999).

Premios: Mención premio *Casa de las Américas* en 1966 por *Los que vieron la zarza,* Premio Municipal de Novela, Buenos Aires, en 1987 por *Zona de clivaje* (1987).

Introducción a la obra

"La fiesta ajena" es uno de los cuentos más conocidos de Liliana Heker el cual ha sido traducido a diversos idiomas. En él podemos encontrar algunas de las posturas críticas de la autora con respecto a la sociedad, y su reivindicación de una sociedad en la que el hombre "no se sienta avergonzado de comer todos los días," según la autora. La inocencia en la narración de la niña es constantemente quebrada por comentarios de otros personajes con una visión menos cándida de la vida y por los del narrador omnisciente que desde el poder que le acuerda la autora dota a Rosaura del espíritu rebelde que la hará libre. Con mujeres como Rosaura es imposible que el aparente equilibrio social no sea algún día resquebrajado.

La fiesta ajena

Nomás llegó, fue a la cocina a ver si estaba el mono. Estaba y eso la tranquilizó: no le hubiera gustado nada tener que darle la razón a su madre. *¿Monos en un cumpleaños?*, le había dicho; *¡por favor! Vos sí que te creés todas las pavadas que te dicen.* Estaba enojada pero no era por el mono, pensó la chica; era por el cumpleaños.

-No me gusta que vayas -le había dicho-. Es una fiesta de ricos.

-Los ricos también se van al cielo -dijo la chica, que aprendía religión en el colegio.

-Qué cielo ni cielo -dijo la madre-. Lo que pasa es que a usted, m'hijita, le gusta cagar más arriba del culo.

A la chica no le parecía nada bien la manera de hablar de su madre: ella tenía nueve años y era una de las mejores alumnas de su grado.

-Yo voy a ir porque estoy invitada -dijo-. Y estoy invitada porque Luciana es mi amiga. Y se acabó.

-Ah, sí, tu amiga -dijo la madre. Hizo una pausa.
-Oíme, Rosaura -dijo por fin, -ésa no es tu amiga. ¿Sabes lo

que sos vos para todos ellos? Sos la hija de la sirvienta, nada más.

Rosaura parpadeó con energía: no iba a llorar.
-Callate -gritó. -¿Qué vas a saber vos lo que es ser amiga.

Ella iba casi todas las tardes a la casa de Luciana y preparaban juntas los deberes mientras su madre hacía la limpieza. Tomaban la leche en la cocina y se contaban secretos. A Rosaura le gustaba enormemente todo lo que había en esa casa. Y la gente también le gustaba.

-Yo voy a ir porque va a ser la fiesta más hermosa del mundo, Luciana me lo dijo. Va a venir un mago y va a traer un mono y todo.

La madre giró el cuerpo para mirarla bien y ampulosamente apoyó las manos en las caderas.

-¿Monos en un cumpleaños? -dijo-. ¡Por favor! Vos sí que te creés todas las pavadas que te dicen.

Rosaura se ofendió mucho. Además le parecía mal que su madre acusara a las personas de mentirosas simplemente porque eran ricas. Ella también quería ser rica, ¿qué?, si un día llegaba a vivir en un hermoso palacio, ¿su madre no la iba a querer tampoco a ella? Se sintió muy triste. Deseaba ir a esa fiesta más que nada en el mundo.

-Si no voy me muero -murmuró, casi sin mover los labios.

Y no estaba muy segura de que se hubiera oído, pero lo cierto es que la mañana de la fiesta descubrió que su madre le había almidonado el vestido de Navidad. Y a la tarde, después que le lavó la cabeza, le enjuagó el pelo con vinagre de manzanas para que le quedara bien brillante. Antes de salir Rosaura se miró en el espejo, con el vestido blanco y el pelo brillándole, y se vio lindísima.

La señora Inés también pareció notarlo. Apenas la vio entrar, le dijo:

-Qué linda estás hoy, Rosaura.

Ella, con las manos, impartió un ligero balanceo a su pollera almidonada: entró a la fiesta con paso firme. Saludó a Luciana y le preguntó por el mono. Luciana puso cara de conspiradora; acercó su boca a la oreja de Rosaura.

-Está en la cocina -le susurró en la oreja-. Pero no se lo digas a nadie porque es un secreto.

Rosaura quiso verificarlo. Sigilosamente entró en la cocina y lo vio. Estaba meditando en su jaula. Tan cómico que la chica se quedó un buen rato mirándolo y después, cada tanto, abandonaba a escondidas la fiesta e iba a verlo. Era la única que tenía permiso para entrar en la cocina, la señora Inés se lo había dicho: "Vos sí pero ningún otro, son muy revoltosos, capaz que rompen algo." Rosaura, en cambio, no rompió nada. Ni siquiera tuvo problemas con la jarra de naranjada, cuando la llevó desde la cocina al comedor. La sostuvo con mucho cuidado y no volcó ni una gota. Eso que la señora Inés le había dicho: "¿Te parece que vas a poder con esa jarra tan grande?" Y claro que iba a poder: no era de manteca, como otras. De manteca era la rubia del moño en la cabeza. Apenas la vio, la del moño le dijo:

-¿Y vos quién sos?

-Soy amiga de Luciana- dijo Rosaura.

No -dijo la del moño-, vos no sos amiga de Luciana porque yo soy la prima y conozco a todas sus amigas. Y a vos no te conozco.

-Y a mí qué me importa -dijo Rosaura-, yo vengo todas las tardes con mi mamá y hacemos los deberes juntas.

-¿*Vos y tu mamá* hacen los deberes juntas? -dijo la del moño, con una risita.

-*Yo y Luciana* hacemos los deberes juntas -dijo Rosaura, muy seria.

La del moño se encogió de hombros.

-Eso no es ser amiga- dijo-. ¿Vas al colegio con ella?

-No.

-¿Y entonces de dónde la conocés? -dijo la del

moño, que empezaba a impacientarse.

Rosaura se acordaba perfectamente de las palabras de su madre. Respiró hondo:

-Soy la hija de la empleada -dijo.

Su madre se lo había dicho bien claro: *Si alguno te pregunta, vos le decís que sos la hija de la empleada, y listo.* También le había dicho que tenía que agregar: *y a mucha honra.* Pero Rosaura pensó que nunca en su vida se iba a animar a decir algo así.

-¿Qué empleada? -dijo la del moño-. ¿Vende cosas en una tienda?

-No -dijo Rosaura con rabia-, mi mamá no vende nada, para que sepas.

-¿Y entonces cómo es empleada? -dijo la del moño.

Pero en ese momento se acercó la señora Inés haciendo *shh shh,* y le dijo a Rosaura si no la podía ayudar a servir las salchichitas, ella que conocía la casa mejor que nadie.

-Viste -le dijo Rosaura a la del moño, y con disimulo le pateó un tobillo.

Fuera de la del moño todos los chicos le encantaron. La que más le gustaba era Luciana, con su corona de oro; después los varones. Ella salió primera en la carrera de embolsados y en la marcha agachada nadie la pudo agarrar. Cuando los dividieron en equipos para jugar al delegado, todos los varones pedían a gritos que la pusieran en su equipo. A Rosaura le pareció que nunca en su vida había sido tan feliz.

Pero faltaba lo mejor. Lo mejor vino después que Luciana apagó las velitas. Primero, la torta: la señora Inés le había pedido que la ayudara a servir la torta y Rosaura se divirtió muchísimo porque todos los chicos se le vinieron encima y le gritaban "a mí, a mí". Rosaura se acordó de una historia donde había una reina que tenía derecho de vida y muerte sobre sus súbditos. Siempre le había gustado eso de tener derecho de vida y muerte. A Luciana y a los varones les dio los pedazos más grandes, y a la del moño una tajadita que daba lástima.

Después de la torta llegó el mago. Era muy flaco y tenía una capa roja. Y era mago de verdad. Desanudaba pañuelos con un solo soplo y enhebraba argollas que no estaban cortadas por ninguna parte. Adivinaba las cartas y el mono era el ayudante. Era muy raro el mago: al mono lo llamaba socio. "A ver, socio, dé vuelta una carta", le decía. "No se me escape, socio, que estamos en horario de trabajo."

La prueba final era la más emocionante. Un chico tenía que sostener al mono en brazos y el mago lo iba a hacer desaparecer.

-¿Al chico? -gritaron todos.

-¡Al mono! -gritó el mago.

Rosaura pensó que ésta era la fiesta más divertida del mundo.

El mago llamó a un gordito, pero el gordito se asustó enseguida y dejó caer al mono. El mago lo levantó con mucho cuidado, le dijo algo en secreto, y el mono hizo que sí con la cabeza.

-No hay que ser tan timorato, compañero -le dijo el mago al gordito.

-¿Qué es timorato? -dijo el gordito.

El mago giró la cabeza hacia uno y otro lado, como para comprobar que no había espías.

-Cagón, dijo-. Vaya a sentarse, compañero.

Después fue mirando, una por una, las caras de todos. A Rosaura le palpitaba el corazón.

-A ver, la de los ojos de mora -dijo el mago. Y todos vieron cómo la señalaba a ella.

No tuvo miedo. Ni con el mono en brazos, ni cuando el mago hizo desaparecer al mono, ni al final, cuando el mago hizo ondular su capa roja sobre la cabeza de Rosaura, dijo las palabras mágicas... y el mono apareció otra vez allí, lo más contento entre sus brazos. Todos los chicos aplaudieron a rabiar. Y antes de que Rosaura volviera a su asiento, el mago le dijo:

-Muchas gracias, señorita condesa.

Eso le gustó tanto que un rato después, cuando su madre vino a buscarla, fue lo primero que le contó.

-Yo lo ayudé al mago y el mago me dijo: "Muchas gracias, señorita condesa."

Fue bastante raro porque, hasta ese momento, Rosaura había creído que estaba enojada con su madre. Todo el tiempo había pensado que le iba a decir: "¿Viste que no era mentira lo del mono?" Pero no. Estaba contenta, así que le contó lo del mago.

Su madre le dio un coscorrón y le dijo: -Mírenla a la condesa.

Pero se veía que también estaba contenta.

Y ahora estaban las dos en el hall porque un momento antes la señora Inés, muy sonriente, había dicho: "Espérenme un momentito."

Ahí la madre pareció preocupada.

-¿Qué pasa? -le preguntó a Rosaura.

-Y qué va a pasar -le dijo Rosaura-. Que fue a buscar los regalos para los que nos vamos.

Le señaló al gordito y a una chica de trenzas, que también esperaban en el hall al lado de sus madres. Y le explicó cómo era el asunto de los regalos. Lo sabía bien porque había estado observando a los que se iban antes. Cuando se iba una chica, la señora Inés le regalaba una pulsera. Cuando se iba un chico, le regalaba un yo-yo. A Rosaura le gustaba más el yo-yo, porque tenía chispas, pero eso no se lo contó a su madre. Capaz que le decía: "Y entonces, ¿por que no le pedís el yo-yo, pedazo de sonsa?" Era así su madre: Rosaura no tenía ganas de explicarle que le daba vergüenza ser la única distinta. En cambio le dijo:

-Yo fui la mejor de la fiesta.

Y no habló más porque la señora Inés acababa de

entrar en el hall con una bolsa celeste y una bolsa rosa.

Primero se acercó al gordito, le dio un yo-yo que había sacado de la bolsa celeste, y el gordito se fue con su mamá. Después se acercó a la de trenzas, le dio una pulsera que había sacado de la bolsa rosa, y la de trenzas se fue con su mamá.

Después se acercó a donde estaban ella y su madre. Tenía una sonrisa muy grande y eso le gustó a Rosaura. La señora Inés la miró, después miró a la madre, y dijo algo que a Rosaura la llenó de orgullo. Dijo:

-Qué hija que se mandó, Herminia.

Por un momento, Rosaura pensó que a ella le iba a hacer los dos regalos: la pulsera y el yo-yo. Cuando la señora Inés inició el ademán de buscar algo, ella también inició el movimiento de adelantar el brazo. Pero no llegó a completar ese movimiento.

Porque la señora Inés no buscó nada en la bolsa celeste, ni buscó nada en la bolsa rosa. Buscó algo en su cartera.

En su mano aparecieron dos billetes.

-Esto te lo ganaste en buena ley -dijo, extendiendo la mano-. Gracias por todo, querida.

Ahora Rosaura tenía los brazos muy rígidos, pegados al cuerpo, y sintió que la mano de su madre se apoyaba sobre su hombro. Instintivamente se apretó contra el cuerpo de su madre. Nada más. Salvo su mirada. Su mirada fría, fija en la cara de la señora Inés.

La señora Inés, inmóvil, seguía con la mano extendida. Como si no se animara a retirarla. Como si la perturbación más leve pudiera desbaratar este delicado equilibrio.

Preguntas de análisis y de discusión

1. Describa el encuentro de Rosaura y su madre cuando ésta vino a buscarla.

2. ¿Qué repercusión tiene en el final del cuento la siguiente frase?: "Rosaura no tenía ganas de explicarle que le daba vergüenza ser la única distinta"

3. ¿Por qué no termina la niña el movimiento de adelantar la mano para recibir lo que la señora Inés le está entregando?

4. ¿Cómo expresan madre e hija solidaridad la una por la otra, el apoyo mutuo, a pesar de las diferencias que expresaron al comienzo? ¿Es comprensible ese cambio de actitud?

5. ¿A qué se refiere la expresión *este delicado equilibrio* en la última oración?

6. ¿Cómo cambia la visión de la división de clases de los niños cuando se hacen adultos? ¿Qué gran contradicción social, religiosa y moral existe en estas visiones?

7. Describa el estilo de la autora. Justifique su elección del narrador y del punto de vista de la narración.

8. ¿Tiene explicación o justificación la actitud de la señora Inés con respecto a la niña? ¿Cómo cree que este suceso afectará la vida de Rosaura?

Bella Clara Ventura

Breves notas biográficas

De origen judío, nace en Bogotá, Colombia, de madre mexicana y padre sudafricano, trasfondo multicultural que la dota de un pasaporte al mundo. De niña vivió en París y de adulta ha paseado su poesía y su arte por incontables países. Estudió periodismo y cine en los Estados Unidos y en Venezuela; es autora de guiones de corto y largo metraje y, entre otras posiciones directivas en organizaciones profesionales ha fungido como Directora de la Asociación de Cinematografistas Colombianos. Una de las escritoras contemporáneas más prolíficas de Latinoamérica, tanto su obra poética como de ficción han sido objeto de favorable crítica y reconocimiento nacional e internacional. Ha sido invitada a encuentros literarios en más de 30 países entre ellos Suecia, Francia, Estados Unidos, Argentina, Uruguay, México, Brasil, Perú, Ecuador etc. y su obra reseñada en más de quince antologías.

Sobre su llegada al mundo de las letras nos dice Bella Clara: "si no escribiera moriría, pues definitivamente nací con la palabra en la boca y luego en la mano, ahora en el alma que comparto con todos. Es una necesidad vital... y si puedo hablar de misión de vida, diría que es por cumplir con mi misión. En mi epitafio rezará la siguiente oración: ¡Aquí yace un ser que quiso ser y fueeeeee! Vivo desde la magia que dan todos los *serendipities* y la fuerza de la

193

existencia que se impone y se hace canto en la mañana para permitir que afloren el verso y la metáfora. Me fascina contar historias y exorcizar mis propios fantasmas de manera fantástica... He tenido grandes alegrías a partir de la palabra, primero fue con la imagen y ahora con el verbo."
(Gac-Artigas, Entrevista inédita, 2004).

Sobre su obra, nos dice el poeta peruano, premio nacional de poesía, Carlos Garrido Chalén: "La suya es una literatura que rompe ataduras y sortilegios, que se entrega a sí misma para homenajearse; que es como una diáspora de numerosos colores y sabores, que se da con una autenticidad que en el mundo pareciera ser una especie en peligro de extinción. Leerla es encontrarse con una vitalidad que es, a la vez, ayuda para el desvalido, catapulta de amor para el que muere, como un mensaje de fe para el que alza sus manos hacia el Cielo pretendiendo una bendición que lo llene de Dios y de esperanza."

Ha publicado:

Poesía: *Diáspora y asombro* (1995); *Comarca sin fronteras I* (Antología poética) (1997); *Hechizos del bosque* (2001); *Comarca sin fronteras II* (Antología poética) (2002); *Huésped de la luz* (2004); *A lo lejos* (2000); *Magias y retablos* (edición Homenaje al centenario de Pablo Neruda y Alejo Carpentier) (2004); *Niña de adentro* (2004); *Atisbo de sol* (2005).

Novela: *Almamocha* (1993), *Lo que la vida quiera* (1999), *Armando Fuego* (2001), *El viento de la sombra* (2003); *Contigo aprendí* (2005).

Premios:
Entre 1994 y 1998 fue merecedora de varios premios en Roldanillo Valle Colombia. Mención de Honor Juegos Florales Uruguay (2004).

Introducción a la obra

La violencia y sus efectos sobre la vida de quienes la padecen no ha estado ausente de las obras de escritoras latinoamericanas, bien sea la violencia resultado de la situación política, o la que resulta de la situación socioeconómica de nuestros pueblos. En este cuento de Ventura el macrocosmos de la violencia se ve amplificado con el tema de la violencia familiar, en específico el castigo corporal a los niños -tema debatido hoy en día en nuestra sociedad- el que es introducido al final del cuento de manera sorpresiva, divertida e ingenua. El hecho que sea el punto de vista de quien padece este tipo de violencia (una niña de cinco años) el que utiliza la autora para proponer el tema al lector tiene la importancia de ofrecernos un lado –por demás inesperado hasta ese momento de acuerdo al desarrollo del cuento- del espectro de la violencia y nos lleva a reflexionar sobre la correlación individuo, sociedad, nación.

La clave de la violencia

Se acercaba diciembre, treinta días de plazo fijó el párroco para recoger el día de Navidad en la Iglesia todas las armas u objetos que recordaran la violencia como pistolas, navajas, garrotes, machetes y utensilios de alcance cruel, inclusive pidió que las caucheras también le fueran entregadas para cesar la muerte de los pájaros que tampoco debían ser blanco del hombre.

La voz se regó como un mandato divino y los pobladores atendieron el llamado, empezaron a recoger cuchillos con filo, tijeras, azadones, hachas, picas, escopetas, fusiles y hasta juguetes de plástico que tuvieran forma de maldad. La víspera por el alto parlante se informaba:

-Mañana será el gran día de paz en el pueblo de San Juan de los Vientos y no nos olvidemos que todos sin excepción debemos cumplir con la cuota de sacrificio.

Los rumores circulaban que don Silvio Andrade, el matón de la vecindad había escondido su arsenal y se había marchado de vacaciones a Miami para obviar su contribución. Pero la mayoría se puso a la tarea de desenterrar herramientas y objetos corto punzantes oxidados que se prestaran para actos de terror. Existía una cierta euforia en la región por el día señalado que se anticipaba como una jornada de pañuelos blancos, como ondas de amor. Citados los medios de comunicación confirmaron su asistencia ya que era la primera vez que un cura se ingeniaba una celebración de tal magnitud.

Símil

La noche cobijó el pueblo en su mayor calma, las estrellas salieron a relucir como guías de paz y la luna ventruda alumbró los corazones de la gente mientras el cielo le decía sí a la hazaña con la ausencia de nubes. El sueño reparador habitó los párpados de los moradores del rincón. Algunas personas dejaron su pinta dominguera colgada en un gancho para que la mañana le llegara bien planchada. Otras se durmieron con el dulce sabor del deber cumplido, dejando a su lado en un costal lo precisado.

El cura, José Bautista Molina arregló la Iglesia con flores silvestres y un tapete rojo que enmarcaba la piedra colonial, al fondo un crucifijo le daba la bienvenida a los piadosos. Tuvo a bien colocar cirios a la Virgen de Chiquinquirá, población vecina de San Juan de los Vientos, cuyo nombre respondía a los temporales de agosto donde las cometas elevaban sus juegos por los aires.

Esa noche se sintió acompañado por los ángeles y en su última oración le pidió al Todopoderoso que la mañana les trajera iluminación a sus feligreses para que cumplieran con el pacto que había soñado para borrar la violencia de aquella población de Colombia. Pasó buena noche y despertó con el canto de un loro que repetía el Ave María desde los primeros rayos del sol. Se acomodó la sotana, desayunó de manera frugal para que la digestión fuera tan liviana como su espíritu en momentos de recibir la comunión.

Los camarógrafos y periodistas llegaron con la lluvia, cortina que limpió la aldea para luego permitir un sol de mandíbula abierta. El altavoz invitaba a la misa y la gen-

196

te con su traje de gala salía de sus casas cargada de paquetes y costales donde se asomaban puntas de lanza. Desde temprano la fila se hizo frente al portón de la Iglesia donde un monaguillo impartía órdenes.

-Tengan paciencia todos van a entrar... no se precipiten.

-Pero yo llegué desde las ocho.- dijo una voz

-Y yo dormí frente a la puerta.- contestó el bobo del pueblo que cargaba tufo a trago.

-Ya les dije que todos vamos a hacer nuestras ofrendas y quiero que sean disciplinados, acuérdense que nos van a grabar para la televisión.- dijo con picardía cómplice.

Poco a poco se fueron instalando en las banquetas con sus costales en el piso. De un momento a otro, la iglesia se llenó mientras el cura oficiaba la misa y un órgano un tanto destemplado musicalizaba el recinto con el Ave María de Schubert. Los comunicadores se instalaron en sitios estratégicos para que sus cámaras registraran el acto en su totalidad, los disparos debían apuntar a cuanta cosa se entregara, haciendo alarde de imaginación. El hombre de corazón angelical cumplió con la confesión mientras los feligreses rezaban. Existía cierto nerviosismo en el recinto, era la primera vez que veían cámaras y un gran despliegue en la localidad. Hasta los perros callejeros se portaron bien, ninguno se cagó en las calles destapadas ni el viento levantó polvaredas. El ámbito de San Juan de los Vientos aguardaba el festejo con una mañana de alas abiertas.

En su púlpito el hombre de sotana negra impartía bendiciones y convidó a los asistentes a depositar debajo de él toda la violencia impresa en los objetos que traían en bolsas, morrales, maletas y hasta en papel periódico. Una larga hilera se formó desde la calle hasta el atril. El órgano seguía entonando música brillante aunque algunas notas le restaban brillo. Desde una banca, recostado el borracho observaba la escena.

Hombres y mujeres depositaban cuchillos, armas y palas en un montón que crecía como una montaña de chatarra, ante la mirada complacida del gestor de la idea. Entre hipos y babazas el embriagado veía los cuchillos de pie como soldados frente al pelotón y los superiores eran los fusiles, las escopetas y las espadas. Se doblegaban frente al cura para entregar las balas. En eso se convirtió el *delirium tremens* del bobo, hijo de dos primos hermanos, mientras en la realidad seguían llegando más armas a engrosar la montaña mágica que desde la violencia clamaba paz, y se enfrentaba en un costado a un pesebre con luces y brillos donde un Niño Dios pastoreaba la Iglesia, junto a sus padres y los Reyes Magos, a escala gigante.

Sigilosos, los camarógrafos y periodistas abrazaban la realidad con tiros de cámaras fotográficas y de videos. Una señora desde su puesto les susurró:

-Deberían entregar las lenguas también, esas a veces matan más que el plomo.

-Sobre todo la de la señora Inés.- exclamó mostrando a la chismosa del pueblo que había hecho su entrada triunfal con unos binóculos y dos muchachos prietos que le cargaban los bultos de donde salían a buscar aire palos y picas.

La música seguía enredando el ambiente con sus teclas discordantes pero la bulla acompasaba el caos. La muchedumbre seguía armando la montaña de hierros, casi tapaban la figura del cura quien se empinaba para no perder rastro de las miradas.

-En orden, por favor- dijo desde el púlpito.

En el momento en que el sacerdote impartía otra bendición, se oyó una sinfonía de petardos que asustaron a los fieles. Un anciano entró tranquilizando a los congregados.

-Tranquilos, los periodistas nos traían una sorpresa, llegaron con voladores y prendieron el festejo.

198

-No, fue Silvio Andrade, el rico del pueblo que contrató fuegos artificiales para dejar huella y borrar su mala conciencia por haberse largado en fecha tan memorable hacia el Norte- comentó un joven con patillas.

Las exclamaciones de sorpresa y de alegría no se hicieron esperar mientras una chiquilla de unos cinco años con una pantufla en la mano y los cabellos alborotados ingresaba al recinto. Algunas personas se sorprendieron y otras ni se dieron por enteradas. La pequeña se acercó a la pila de armas y con rabia tiró la pantufla hacia la cima de los fierros, la que rodó y cayó a los pies de un niño.

-Doris, ¿qué haces? -preguntó el vecinito de diez años.

-Entrego la pantufla con la que me da muendas mi mamá.

En ese instante todas las miradas estaban puestas sobre la niña, flashes y cambios de foco esculpieron a la pequeña.

Preguntas de análisis y de discusión

1. ¿Cuál fue la idea del cura del pueblo para terminar con la violencia y qué aspecto de esta proclama muestra el espíritu humanitario y pacifista del sacerdote? ¿Creen Uds. que es una buena idea? Discutan.
2. El inesperado final de la historia contiene un elemento de humor, pero al mismo tiempo nos lleva a reflexionar sobre las posibles causas del conflicto presente en el relato. Explique ¿Creen Uds. que el cura había pensado que algo así sucedería?
3. ¿Cómo se relaciona ese final con el título del cuento?
4. "-Deberían entregar las lenguas también, esas a veces matan más que el plomo." Explique la frase anterior a la luz del cuento.
5. ¿Por qué se asustaron los feligreses cuando escucharon el ruido de los petardos? ¿Qué muestra eso de la calidad

de vida que se vivía en ese pueblo? ¿Saben Uds. algo sobre el problema de la violencia en Colombia? Comenten.

6. El estilo de Ventura es sencillo y directo, pero también lleno de recursos poéticos: símiles, metáforas, personificaciones. Busque algunos ejemplos en el cuento.

Sobre *Nos tomamos la palabra*

Esta antología crítica es una excelente colección de poesía y cuentística de poetas y escritoras contemporáneas de Latinoamérica -completa con un vocabulario de expresiones pertinentes y preguntas sobre la materia- que será sumamente útil para uso académico, o bien una lectura placentera para todos aquellos interesados en la producción literaria más reciente de América Latina.

Dra. Silvia Nagy-Zekmi
Villanova University

Nos tomamos la palabra es un sucinto recorrido por la escritura femenina latinoamericana que permite entender su evolución y facilita a quienes se acerquen a su estudio el conocimiento histórico-literario del papel soslayado, pero decisivo de sus escritoras. Los poemas y cuentos antologados lo ejemplifican a la perfección con la atinada selección divulgativa de las aportaciones más representativas de cada autora realizada por la doctora Gac-Artigas.

Prof. José Vicente Peiró
Universidad Jaime I de Castellón
España

La antología de Priscilla Gac-Artigas promete, al incluir a veintisiete autoras de las Américas, una presentación de nuevas, pero merecidas, escritoras contemporáneas que representan no sólo la amplitud de la producción femenil (13 países representativos de Norte América [México], América Central, Sur América y el Caribe) sino también el valor y la profundidad de sus obras literarias en los

201

géneros de poesía y cuento. El volumen no nos desilusiona. Esta antología propone presentar a cada autora, con texto y biografía, al estudiante de literatura hispanoamericana que, hasta ahora, no la conoce. Unas palabras introductorias sobre cada escritora anteceden la obra antologada y luego para completar la unidad siguen las secciones "Preguntas de análisis y de discusión" e "Interpretación."

En *Nos tomamos la palabra* están incluidas escritoras que suelen poblar las páginas de antologías de la literatura hispanoamericana como Sor Juana Inés de la Cruz, Gertrudis Gómez de la Avellaneda, Alfonsina Storni, Gabriela Mistral, Nancy Morejón e Isabel Allende, mas el valor primordial del libro reside en que se incluyen autoras menos conocidas pero igualmente valiosas como, por ejemplo, Rosa María Britton, escritora que ha tenido un éxito fenomenal en su Panamá aunque sea poco renombrada en los Estados Unidos y en el resto del mundo que aprecia la literatura escrita en español. Es así, en poesía, con otras escritoras como Elizabeth Altamirano (Chile), Yolanda Bedregal (Bolivia), Ylonka Nacidit-Perdomo (República Dominicana), Etnairis Rivera (Puerto Rico), Ida Vitale (Uruguay) tanto como Angélica Gorodischer (Argentina), Liliana Heker (Argentina), Bella Clara Ventura (colombo-mexicana), entre otras, en el género del cuento.

Desde el título, *Nos tomamos la palabra: escritoras latinoamericanas contemporáneas*, la atención del lector se dirige a la palabra, o sea, la literatura. En éste se indica que a pesar de todos los obstáculos que las mujeres han encontrado en la historia dentro del orden patriarcal, aunque tardaron mucho, ahora pueden reclamar la oportunidad de tener la palabra, la oportunidad de escribir sin límites.

El subtítulo se enfoca en la escritora hispana de la actualidad. Sin embargo, para dar más balance (sazón) a la "frescura" de las nuevas autoras, Gac-Artigas ha incluido en su valiosa introducción, como ya mencionáramos, escri-

toras que ya son parte del canon como Sor Juana y la Avellaneda mostrando que existen valiosos antecedentes a la
proliferación de escritoras que existe en la actualidad.

El significativo aporte de dicha introducción es que
en ella Gac-Artigas pone al lector al tanto de los antecedentes de la escena actual de la escritora hispanoamericana al
mostrar el camino de cómo la mujer llegó al lugar que
ocupa hoy día en el mundo de las letras. Y lo que es más,
el lector bien aprecia que la escritora hispana merece la tierra ganada, la que hoy día "no conoce límites ni barreras"
(*Nos tomamos la palabra*), porque proviene de sus propios
esfuerzos y talento.

Nos tomamos la palabra es una antología indispensable para todo aquél que busque una muestra de los esfuerzos femeniles actuales en el campo poético y cuentístico de
la literatura hispanoamericana.

Dr. Lee A. Daniel
Texas Christian University

En *Nos tomamos la palabra, Antología de textos de escritoras latinoamericanas contemporáneas* la investigadora
Priscilla Gac-Artigas nos ofrece en forma analítica una antología crítica de poetas y de prosistas hispanoamericanas
contemporáneas. Las escritoras estudiadas abarcan desde
las ya consagradas que forman parte del canon, como Isabel Allende y Gioconda Belli, hasta aquéllas cuya obra comienza a ser estudiada. El libro está concebido en forma
de texto para cursos de literatura hispanoamericana o literatura escrita por mujeres latinoamericanas en nuestras
universidades americanas, por lo tanto tiene un formato de
"reader" que no solo facilita la lectura sino que motiva e
interpela al lector con preguntas que están al final de cada
poema o cuento estudiado ayudando al análisis y reflexión
del artefacto literario en discusión. También el texto ofrece
traducción al idioma inglés de aquellos modismos desco-
nocidos al hablante no nativo del español.

Lo original de este libro es que exceptuando la sección donde se refiere a las pioneras de la literatura escrita por mujeres, el resto de las autoras viven actualmente, la mayoría, en los Estados Unidos. Esto significa que, eventualmente, nuestros estudiantes universitarios pueden entrar en contacto con ellas. Además para cada autora, Gac-Artigas presenta una bio-bibliografía y una sucinta introducción a los poemas o cuentos presentados en la antología.

Nos tomamos la palabra por la conocida crítica puertorriqueña Priscilla Gac-Artigas viene a llenar ese vacío de textos sobre la literatura escrita por mujeres latinoamericanas en nuestras universidades americanas, por lo tanto este libro vendrá a ser un instrumento indispensable para nuestras clases de "survey" de literatura latinoamericana o literatura escrita por mujeres latinas en el siglo XX radicadas en Estados Unidos.

Dra. Rhina Toruño-Haensly
Universidad de Texas Permian B.

This anthology will be the perfect text for teachers who wish to give their students an overview of contemporary poetry and short story by leading Latin American women writers. The range of countries represented, the social topics considered (search for identity, raising of social consciousness about marginalized persons, protest against social injustice), as well as personal topics perennially best addressed in poetry (including love, mortality, nature, illness), and the diversity of genres both within poetry and the short story make this a valuable textbook, not only for courses in women's writing but in survey courses on contemporary Latin American writing where women are all too often excluded.

Dr. Gac-Artigas' introduction provides a succinct overview of writing by women in Latin America and her selections from earlier writers provide concrete examples of their work. The introductions to each writer contain a wealth of information, while remaining succinct and pithy. The questions following each selection are well-formulated to help students identify major themes and the interplay of aesthetic and thematic considerations. I look forward to incorporating this anthology in the next course I teach on contemporary Latin American literature.

Dr. Judy McInnis
University of Delaware

Permisos y agradecimientos

A todas las escritoras, amigas, gracias por permitirme darles a conocer a nuestros estudiantes el maravilloso mundo de la literatura hispanoamericana escrita por mujeres a través de sus obras. Sin vuestra amable y desinteresada ayuda habría sido imposible elaborar esta antología.

Gracias Angélica, Bella Clara, Cecilia, Elizabeth, Etnairis, Gioconda, Gladys, Ida, Isabel, Laura, Liliana, Martha, Mayrim, Nancy, Nela, Odette, Renée, Rosa María, Rosario (RIP), Rosina, Ylonka, Yolanda y Yolanda (RIP). Vuestros trabajos han abierto caminos, han forjado visiones, han hecho avanzar el oficio de escritora. A ustedes, un abrazo, mi profunda admiración y eterno agradecimiento.

Gracias especiales a Melina, mi hija, por el diseño de portada, esa poderosa pero tierna mujer que portentosa toma posesión de la palabra para elevarse y que en acto de desinteresada generosidad la echa a volar para invitarnos a crear mundos insospechados.

Gracias también a la Agencia Literaria Carmen Balcells por su gentileza al autorizarnos incluir en el presente volumen el cuento de Isabel Allende "Cartas de amor traicionado" de la obra *Cuentos de Eva Luna* © Isabel Allende, 1990.

Igualmente gracias al Fondo de Cultura Económica de México por autorizarnos la publicación de los poemas "Se habla de Gabriel" y "Kinsey Report No. 2" de la colección *Poesía no eres tú* de Rosario Castellanos. D. R. © (1972) FONDO DE CULTURA ECONOMICA. Carretera Picacho-Ajusco 227, C. P. 14200, México, D. F. Esta edición consta de 500 ejemplares.

Finalmente, gracias a Monmouth University por haberme acordado una mini sabática en el verano del 2004 gracias a la cual dispuse del tiempo necesario a la culminación de este libro.

La Dra. Priscilla Gac-Artigas es profesora asociada y directora del Departamento de Lenguas Extranjeras de la Universidad de Monmouth en Nueva Jersey. Especialista en literatura hispanoamericana, es la editora desde 1998 de la página en la red *Reflexiones, ensayos sobre escritoras hispanoamericanas contemporáneas,* enciclopedia virtual con la bio-bibliografía y ensayos críticos de alrededor de ochenta escritoras.
http://bluehawk.monmouth.edu/~pgacarti/index.html
Gac-Artigas es también autora de numerosos artículos publicados en revistas de los Estados Unidos, México y Europa. Igualmente ha participado en congresos de investigación en diferentes países y ha sido invitada como oradora a encuentros de creación literaria junto a escritoras de la talla de Gioconda Belli, Angélica Gorodischer y Nancy Morejón.

Ha publicado:

Libros de texto:
1. *Nos tomamos la palabra, Antología crítica de textos de escritoras latinoamericanas contemporáneas.* Nueva Jersey: ENE-Academic Press, sept. 2005. Editora.

2. *Reflexiones, ensayos sobre escritoras hispanoamericanas contemporáneas,* 2 Vols., Madrid, España: Sánchez & Sierra Editores, 2003. Primera edición, Nueva Jersey: Ediciones Nuevo Espacio, Colección Academia, 2002. Editora y colaboradora. Reseñado en *Críticas,* an "English speaker's guide to the latest Spanish language titles" asociada a *The Library Journal* y *Publishers Weekly:*

> "The topics within these essays are as rich and diverse as the list of writers. . . . [T]he essays in these collections illuminate and open new research per-

spectives. Highly recommended for academic and public libraries with strong collections of Latin American women writers." Lourdes Vázquez, Rutgers University, New Brunswick, NJ. *Críticas*: Vol. 2, # 5: pp 56-57, September-October, 2002.
Reseñado también en: *The Hispanic Outlook in Higher Education*. Volumen 14, Número 10, febrero 23, 2004: 54; y en *Hispania*, marzo 2004.

3. *Directo al grano: a Complete Reference Manual for Spanish Grammar*, New Jersey: Prentice Hall, College Division, November 1999, To the Point Books, First Ed., 1996, Second Ed., 1997.

4. *Sans Détour: a Complete Reference Manual for French Grammar*, New Jersey: Prentice Hall, College Division, November 1999. To the Point Books, First Ed., 1996, Second Ed., 1997.

5. *To the Point: inglés para hispanohablantes*, New Jersey: To the Point Books, First Ed., 1996, Second Ed., 1997.

Ficción:
Melina, conversaciones con el ser que serás. Nueva Jersey: Ediciones Nuevo Espacio, 2000.

En preparación: *Hoja de ruta, introducción a la cultura y civilización de Latinoamérica* (libro de texto); *Cuentos para despertar a la vida* (colección de cuentos para niños).

CPSIA information can be obtained at www.ICGtesting.com
Printed in the USA
LVOW07s0425301214

420814LV00002B/77/P